Un été outremer

Anne Vantal

Un été outremer

**Vocabulaire
par
Laure Soccard**

Ernst Klett Sprachen
Stuttgart

Anne Vantal

Un été outremer

Vocabulaire par Laure Soccard

1. Auflage   18 | 2026

Alle Drucke dieser Auflage sind unverändert und können im Unterricht nebeneinander verwendet werden.
Die letzte Zahl bezeichnet das Jahr des Druckes. Das Werk und seine Teile sind urheberrechtlich geschützt. Jede Nutzung in anderen als den gesetzlich zugelassenen Fällen bedarf der vorherigen schriftlichen Einwilligung des Verlags.

© für die Originalausgabe: Actes Sud, 2006
© für diese Ausgabe: Ernst Klett Sprachen GmbH, Rotebühlstr. 77, 70178 Stuttgart, 2008.
Alle Rechte vorbehalten. Die Nutzung der Inhalte für Text- und Data-Mining ist ausdrücklich vorbehalten und daher untersagt.
www.klett-sprachen.de

Redaktion: Anne-Sophie Guirlet-Klotz
Satz: Satzkasten, Stuttgart
Umschlaggestaltung: Elmar Feuerbach
Umschlagfoto: iStockphoto / Avery Photography
Druck und Bindung: Salzland Druck, Staßfurt

Printed in Germany.
ISBN 978-3-12-592258-7

PEFC-zertifiziert
Dieses Produkt
stammt aus
nachhaltig
bewirtschafteten
Wäldern und
kontrollierten Quellen
PEFC/04-31-2251   www.pefc.de

Table des matières

À Fatou-Lise, ma fille,
et Flore, ma mère.

L'histoire qui suit est entièrement née de mon imagination.

Personne ne s'étonnera donc devant les quelques libertés que j'ai prises avec la réalité…

Merci à Cathy des éditions Actes Sud qui, sans le savoir, m'a donné l'envie d'écrire ce récit. Et merci à Blandine qui, à son insu, m'aura fourni le point de départ.

PROLOGUE
20 AOÛT

Je suis revenu en ville en fin d'après-midi. J'ai retrouvé mon hôtel et la petite chambre qui pourrait donner sur la mer si la vue n'était pas barrée par un échafaudage rouillé. Pour lutter contre la chaleur, j'ai essayé de faire courant d'air en laissant
5 la porte et la fenêtre ouvertes. Rien n'y fait, on étouffe. Je compte les billets qui me restent. Dans deux jours, je reprends le bateau.

La douche du couloir est crasseuse, mais j'ai réussi à me débarrasser de la poussière et de la sueur sous un filet d'eau
10 froide. Dans mon sac, il ne reste qu'un T-shirt propre, que je renonce à enfiler tout de suite. Il me faut garder un vêtement convenable pour ma visite de demain.

Je suis sorti dans la ruelle et j'ai marché jusqu'à la plage. Plage, c'est un bien grand mot : un peu de sable entre les
15 cailloux, des détritus, des algues noirâtres rejetées par la mer. Même au bord de l'eau, le soleil reste brûlant. L'endroit est abrité, enfermé dans une courbe de la ville ; les vagues se résument à un petit clapotis. Je ne vois personne autour de moi : la canicule tient les gens enfermés chez eux jusqu'au soir.
20 Les mains enfoncées dans les poches de mon vieux jean, je regarde l'écume sale et j'essaie de ne penser à rien.

Deux cents mètres plus loin vers l'ouest, le rivage s'incurve et forme un cap rocheux qui me bouche l'horizon. Dans mon dos, je sens la ville qui commence à frémir : j'entends les
25 klaxons sur le boulevard et la rumeur d'une population qui sort enfin de la torpeur de l'après-midi. J'ai faim, j'irai dîner dans le centre pour me changer les idées.

---

3 **barré** *ici :* caché – 3 **un échafaudage** Baugerüst – 3 **rouillé** verrostet – 3 **lutter** *ici :* se battre (kämpfen) – 5 **étouffer** manquer d'air – 6 **un billet** Schein – 8 **crasseux** très sale – 9 **se débarrasser de qc** *ici :* nettoyer, enlever – 9 **la poussière** *ici :* la saleté – 9 **la sueur** Schweiß – 10 **propre** ≠ sale – 11 **renoncer à qc** auf etw verzichten – 11 **enfiler** *ici :* mettre – 12 **convenable** acceptable, correct – 15 **des cailloux** Kieselsteine – 15 **des détritus** Abfall – 17 **abrité** geschützt – 17 **enfermé** à l'intérieur de – 17 **une courbe** Kurve – 17 **une vague** Welle – 18 **un clapotis** le bruit de la mer – 18 **autour de** près de – 19 **la canicule** une très forte chaleur – 19 **enfermé** *ici :* qui ne sort pas – 21 **l'écume** la mousse sur la mer – 22 **un rivage** le bord de mer – 23 **rocheux** formé de rochers (Fels) – 23 **boucher** *ici :* cacher – 24 **frémir** *ici :* bouger, se réveiller – 25 **un klaxon** le signal sonore d'une voiture – 25 **une rumeur** le bruit confus et éloigné d'une foule – 26 **la torpeur** un rythme de vie plus lent

La lumière décline, les bruits s'accentuent, les rues se remplissent. J'ai fini par me relever et j'ai marché jusqu'à l'Amirauté. J'aime bien cette partie du port. J'aime les barques de pêche qui encombrent le bassin, la façade blanche de la
5 mosquée et le calme sous les arcades de la petite place, loin de l'activité des quais de déchargement. La nuit tombe. Je ne sais pas quelle heure il est.

Dans une gargote, on m'a servi une *chorba* délicieuse et un thé bouillant. J'aurai au moins appris une chose ici : quand
10 la chaleur devient insoutenable, les boissons fraîches ne servent à rien. Cette idée me fait sourire. Comme si j'étais venu jusqu'ici pour découvrir un truc aussi simple, et qui ne me sera peut-être plus jamais utile. Je suis assis tout seul à une table de bistrot et je souris ; on doit me prendre pour un dingue.

15 La fatigue m'est tombée dessus d'un coup. J'aurais dû retourner à l'hôtel et m'effondrer jusqu'au matin, mais la perspective de retrouver ma chambre malpropre ne m'enchantait pas. Brusquement j'ai eu envie de voir d'autres gens et de boire un verre. Normalement, je ne bois pas. Une
20 bière de temps en temps, c'est à peu près tout. Mais là, Dieu sait pourquoi, je me suis dit qu'un peu d'alcool ne me tuerait pas. Je sais : l'alcool n'est pas très bien vu dans les pays musulmans, mais il y a toujours moyen d'en trouver si on en cherche. Je n'étais même pas sûr de pouvoir m'offrir un tel
25 luxe. Il me restait tout juste assez de fric pour vivre jusqu'à l'arrivée en France et me payer un billet de train jusque chez moi. Mais en économisant sur la nourriture… Et puis, s'il le fallait, je pourrais toujours faire du stop sur la dernière partie du trajet.

30 J'ai payé ma *chorba* et j'ai dit au revoir. La salle était pleine et bruyante, on ne m'a pas entendu. Dehors, les réverbères étaient allumés. J'ai profité d'une vitrine pour vérifier que je n'avais pas l'air trop déjanté, j'ai lissé mon T-shirt douteux et

---

1 **décliner** *ici* : tomber, descendre – 1 **s'accentuer** *ici* : devenir plus fort – 2 **se remplir** devenir plein – 4 **encombrer** *ici* : bloquer, remplir – 4 **un bassin** la partie du port où sont les bateaux – 6 **un déchargement** Löschen – 8 **une gargote** un petit restaurant pas cher – 8 **servir** *ici* : apporter – 8 **une chorba** *algérien* soupe, spécialité du pays – 9 **bouillant** très chaud – 10 **insoutenable** *ici* : impossible à supporter (vertragen) – 10 **frais** froid – 11 **servir** *ici* : aider – 16 **s'effondrer** *ici* : s'endormir – 17 **malpropre** sale – 18 **enchanter qn** plaire, charmer qn – 18 **brusquement** tout à coup – 25 **du fric** *pop* de l'argent – 27 **économiser** garder, mettre son argent de côté – 27 **la nourriture** tout ce qu'on peut manger – 29 **un trajet** un chemin, un voyage – 31 **bruyant** → bruit – 31 **un réverbère** une lampe qui éclaire la rue – 32 **allumé** *ici* : → une lumière – 32 **une vitrine** la fenêtre d'un magasin – 33 **déjanté** *arg* fou – 33 **lisser** glatt streichen – 33 **douteux** *ici* : pas très propre

passé la main dans mes cheveux. J'ai commencé à gravir la colline.

Tout en haut, on le voit de loin, se trouve le plus grand hôtel de la ville. Énorme dans le genre cube de béton, bloc
5   majestueux et inélégant qui domine les immeubles miteux et les maisons de guingois. Un truc pour étrangers, comme moi. C'est différent, d'être étranger.

J'ai tâté la poche arrière de mon jean : pas de problème, mon passeport est bien là, pour prouver ma situation.
10   À l'arrivée, je me suis rendu au bar de l'hôtel. Un type m'a arrêté : interdit aux mineurs, a-t-il dit. J'ai poussé un petit soupir et je lui ai mis mon passeport français sous le nez : dix-huit ans révolus, et étranger de surcroît. Il n'avait plus rien à dire, alors il m'a fait signe de passer. Le bar d'El Aurassi, c'est
15   un autre monde. On y côtoie des touristes chic et des hommes d'affaires blasés. Ce soir, il y a beaucoup d'Asiatiques. Autour de moi, on parle arabe et anglais, français bien sûr, et une langue que je suis incapable de reconnaître. Du chinois ou du japonais, qu'est-ce que j'en sais ?
20   J'ai commandé un whisky-coca. Ce n'est pas tellement bon, mais ça pétille, c'est froid et ça me brûle la gorge, exactement comme je l'avais espéré. J'ai pris mon verre et je suis sorti sur la terrasse. Ma tête s'est mise à tourner, c'est l'alcool, je manque d'habitude. J'ai trouvé un siège sans difficulté : presque tout le
25   monde a préféré rester à l'intérieur, parce que c'est climatisé.

Je suis surpris de découvrir que la terrasse est presque fraîche. Une petite brise s'est levée, je la sens dans ma nuque. Je respire à fond. L'air est chargé d'odeurs que j'essaie d'identifier. Je reconnais l'iode, qui nous arrive du port en contrebas ; des
30   relents de diesel qui montent du boulevard ; et cette épice qui imprègne toute la nourriture ici : du cumin, je crois.

Je n'ai pas réussi à terminer mon verre. Je dois traverser la moitié de la ville pour rentrer, j'aurai le temps de retrouver mes esprits, si mes jambes ne me lâchent pas.

---

1 **gravir** monter – 2 **une colline** une petite montagne – 5 **majestueux** imposant, monumental – 5 **dominer** *ici :* être au dessus de – 5 **un immeuble** un bâtiment de plusieurs étages – 5 **miteux** vieux, pauvre – 6 **de guingois** pas droit – 11 **un mineur** personne ayant moins de 18 ans – 11 **pousser un soupir** seufzen – 13 **révolu** passé – 13 **de surcroît** de plus, aussi – 15 **côtoyer** [kotwaje] être en contact avec qn – 16 **blasé** fatigué, indifférent – 18 **reconnaître** *ici :* identifier – 20 **commander** *ici :* demander – 20 **tellement** très – 21 **pétiller** faire des bulles – 23 **manquer d'habitude** ne pas être habitué – 24 **un siège** une chaise – 27 **une brise** un vent léger – 27 **la nuque** derrière la tête (Nacken) – 28 **à fond** pleinement, totalement – 28 **une odeur** un parfum – 30 **un relent** un mauvaise odeur – 31 **imprégner** *ici :* donner du goût à qc – 31 **le cumin** Kümmel – 33 **retrouver ses esprits** revenir à soi – 34 **lâcher** abandonner, quitter

Je me suis avancé jusqu'à la balustrade et j'ai contemplé la ville qui clignote devant moi. La baie est couverte de points lumineux : des cargos, des pétroliers, des ferries. Dans quarante-huit heures, je prendrai place à bord de l'un d'eux et
5 je dirai adieu, pour toujours peut-être, à la grande ville blanche qui s'étale paresseusement sur ses collines. J'essaie de deviner, derrière un promontoire, les lignes arrondies de Notre-Dame-d'Afrique. Tout en bas, sur la voie qui borde la mer, les voitures roulent à grande vitesse, dessinant deux longs rubans de
10 lumière, l'un rouge, l'autre blanc. Je repère, sur les toits, les milliers de coupoles des antennes paraboliques. Demain, j'irai voir Nadia à la Bouzaréah. Je dis "la Bouzaréah" comme si le nom m'était familier, mais en réalité je n'ai aucune idée de l'endroit où ça se trouve ; il faudra que je demande au vieux
15 gardien de l'hôtel. Après, si tout va bien, j'appellerai Mathilde. Elle me manque.

Il est tard, il faut rentrer. Le tumulte de la ville s'est un peu apaisé. J'entends encore de la musique raï échappée d'une maison toute proche, et les cris joyeux d'une fête, plus loin.
20 Les paquebots du port sont en veilleuse. Je pense à moi, à ma vie, à cette ville qui, à une autre époque, ou dans un monde différent, aurait dû être ma ville natale. Je regarde Alger qui commence à s'éteindre lentement avant de s'enfoncer dans le sommeil, et je me mets à pleurer doucement.

---

1 **s'avancer** aller – 1 **une balustrade** Geländer – 1 **contempler** observer, regarder – 2 **clignoter** blinken – 3 **lumineux** → une lumière – 3 **un pétrolier** Öltanker – 6 **s'étaler** sich ausbreiten – 6 **paresseusement** sans énergie, lentement – 7 **un promontoire** une hauteur, une avancée – 7 **arrondi** courbe, rond – 8 **border** → au bord de – 9 **la vitesse** → vite – 9 **un ruban** Streifen – 10 **repérer** voir – 11 **un millier** → mille – 11 **une coupole** un dôme, une rotonde (Kuppel) – 11 **parabolique** → une parabole – 13 **familier** connu – 15 **un gardien** une personne qui garde un lieu – 17 **un tumulte** un grand mouvement de foule accompagné de chaos et de bruit – 18 **s'apaiser** se calmer – 18 **le raï** une musique arabe – 18 **échappé** sorti – 19 **proche** près – 19 **un cri** → crier – 19 **joyeux** content, heureux – 20 **un paquebot** un grand bateau transportant des passagers ou des marchandises – 20 **une veilleuse** une petite lampe – 22 **natal** où l'on est né – 23 **lentement** → lent – 23 **s'enfoncer** *ici* : entrer pleinement dans qc – 24 **le sommeil** ≠ l'éveil *m* ; état d'une personne qui dort – 24 **doucement** calmement

3 JUILLET

Je suis un garçon comme les autres. J'ai grandi sans histoires.
Rien à signaler. À huit ans, comme tous mes copains, je rêvais
de devenir pirate. Grimpé sur l'échelle de mon lit en mezzanine,
je jouais les vigies pendant des heures devant l'océan déchaîné
5 de la moquette bleue de ma chambre. Un peu plus tard,
j'ai compris que les pirates d'aujourd'hui s'apparentaient
davantage à des narcotrafiquants, et j'ai renoncé pour toujours
à me lancer dans la grande aventure des corsaires.

Du coup, je n'avais plus la moindre idée concernant mon
10 avenir. J'ai fréquenté le collège, puis le lycée, sans trop d'états
d'âme : je n'étais ni plus ni moins doué qu'un autre, cela
suffisait. Mes parents m'ont laissé tranquille. J'ai préparé un
bac scientifique sans angoisse et sans allégresse.

J'ai toujours su que j'étais un enfant adopté. En famille,
15 on n'en a jamais fait mystère. Mes parents ont pieusement
conservé les premières photos, celles de mon arrivée dans
leur foyer. J'avais trois mois. Sur les clichés, on voit un bébé
ordinaire dans les bras d'adultes ravis. Rien que du très normal.
À ma naissance, j'avais été prénommé Sylvain par le médecin
20 de service, qui s'était contenté de regarder un calendrier pour
choisir. Je suis né le 4 mai, jour de la saint Sylvain : j'étais tombé
sur un médecin sans imagination. En m'adoptant, mes parents
m'ont rebaptisé Félicien. Ils trouvaient ça plus joli. Plus chic
aussi. Félicien Desjonquères, ça sonne bien, non ? Et puis c'est
25 de tradition dans la famille : mon grand-père s'appelle Félix.

Cinq ans plus tard, Mathilde est arrivée. Adoptée, elle aussi.
Je m'en souviens à peine, cela ne m'a pas vraiment traumatisé.
J'avais une sœur, l'idée me plaisait, c'était assez. J'étais entré

---

2 **rien à signaler** RAS pas de problème – 3 **une échelle** Leiter – 3 **une mezzanine**
[mɛdzanin] lit en hauteur, à étage – 4 **une vigie** un surveillant qui observe la mer
d'un bateau – 4 **déchaîné** ≠ calme – 5 **une moquette** un tapis couvrant le sol d'une
pièce – 6 **s'apparenter à** être parent avec – 7 **davantage** plus – 7 **un narcotrafiquant**
personne qui vend de la drogue – 7 **renoncer à faire qc** abandonner l'idée de faire
qc – 8 **se lancer dans qc** commencer qc – 8 **un corsaire** un pirate – 9 **la moindre** la
plus petite – 9 **concernant** au sujet de – 10 **fréquenter** *ici* : aller – 10 **un état d'âme**
l'ensemble des sentiments, des impressions ressentis à un moment donné – 11 **doué**
bon, brillant, intelligent – 13 **un bac scientifique** un baccalauréat avec un profil
sciences (Wissenschaft) – 13 **une angoisse** un sentiment de peur, de panique intense –
13 **l'allégresse** *f* la joie, l'euphorie *f*, l'enthousiasme *m* – 15 **pieusement** heiligmäßig –
16 **conserver** *ici* : garder – 17 **un foyer** *ici* : une famille, une maison – 17 **un cliché** *ici* :
une photo – 18 **ordinaire** *ici* : normal – 18 **ravi** très heureux – 19 **prénommer** donner un
prénom – 20 **se contenter de** se limiter à – 20 **un calendrier** Kalender – 23 **rebaptiser**
ici : donner un autre nom

à l'école. Personne ne me parlait jamais d'adoption, ma différence ne devait pas sauter aux yeux. Il arrivait même que l'on découvre, à force de vouloir la chercher, une ressemblance avec ma mère.

5   Vers dix ou douze ans pourtant, j'ai connu une période plus difficile. Je harcelais ma mère. Je multipliais les questions choquantes. Rien ne m'arrêtait : Comment étais-je arrivé là ? Combien avais-je coûté ? J'en rajoutais dans cette veine, un peu par provocation, un peu pour alléger mes angoisses. Ma
10   mère répondait sans hâte à toutes les interrogations. J'étais né à Paris, et avais été aussitôt placé à la DDASS – des initiales qui camouflent pudiquement ce qui autrefois s'appelait l'Assistance publique. J'étais une pupille de la Nation. Un gosse confié à l'État en attente d'adoption. On ne savait rien de
15   mes origines, ça n'avait l'air de troubler personne. Moi, ça me troublait, mais je préférais me taire.

J'avais pris une résolution : à dix-huit ans, je demanderais à voir mon dossier. LE dossier. C'était mon droit, selon la loi, et j'avais bien l'intention d'en profiter. J'imaginais une épaisse
20   chemise bourrée d'informations ; j'espérais y découvrir la vérité sur ma famille biologique. Je spéculais sur l'existence de photographies : allais-je enfin plonger mon regard dans celui de mes géniteurs ? Plus jeune, j'avais rêvé de me découvrir fils de milliardaire ou demi-frère d'un footballeur de l'équipe de
25   France. Mes parents m'avaient mis en garde, et j'avais entendu leurs avertissements, mais j'étais déterminé. Je me sentais prêt. Ma mère s'en était un peu inquiétée : elle avait essayé de me convaincre d'attendre quelques semaines avant de me perdre

---

2 **sauter aux yeux** être évident – 3 **à force de** après beaucoup d'efforts (Mühe) – 3 **une ressemblance** Ähnlichkeit – 6 **harceler qn** fatiguer qn avec des questions – 7 **choquant** qui provoque un choc – 8 **dans cette veine** *ici :* sur ce thème – 9 **alléger** rendre moins pénible, moins lourd – 10 **sans °hâte** en prenant son temps – 11 **aussitôt** tout de suite – 11 **placer** *ici :* mettre – 11 **la DDASS (Direction Départementale d'Aide Sanitaire et Sociale)** un institut public s'occupant des enfants sans famille jusqu'à leurs 18 ans – 11 **une initiale** la première lettre d'un mot – 12 **camoufler** *ici :* cacher – 12 **pudiquement** avec discrétion – 12 **autrefois** ≠ maintenant – 13 **l'Assistance publique** l'ancien nom de la DDASS – 13 **une pupille de la Nation** un enfant sans parents dont la Nation, l'État s'occupe – 14 **un gosse** *fam* un enfant – 14 **confier qc/qn à qn** remettre, laisser qc/qn à qn – 14 **l'État** *m* la Nation, le gouvernement, les services publics – 16 **se taire** ne rien dire – 18 **un dossier** ensemble de documents – 18 **un droit** Recht – 18 **selon** d'après – 18 **la loi** l'ensemble des règles, votées par le Parlement, pour la société – 19 **épais** *ici :* gros – 20 **une chemise** *ici :* Mappe – 20 **bourré** *ici :* plein – 21 **la vérité** ce qui est vrai – 22 **celui, celle, ceux, celles** *pron dém* jener, jene, jenes – 23 **les géniteurs** les parents biologiques – 25 **mettre qn en garde** dire à qn de faire attention – 26 **un avertissement** Warnung – 26 **déterminé** décidé – 27 **s'inquiéter** avoir peur → inquiet – 28 **convaincre qn de faire qc** décider qn à faire qc

dans les méandres de mon passé. Passe ton bac, disait-elle, tu verras ça ensuite. Je l'avais ignorée, elle s'était tue.

Le 4 mai, j'ai accédé enfin à l'âge légal de la majorité. On a fêté ça en grand, avec toute la famille. J'ai seulement senti 5 l'ombre d'une réticence dans la gaieté de ma mère, que j'ai balayée sans réfléchir. La même semaine, je me suis rendu dans les services administratifs de la DDASS de Paris.

Deux mois ont passé depuis. Deux mois de printemps qui auraient dû, selon toutes les prévisions, être consacrés à la 10 préparation de mon baccalauréat. Et ce soir, quelques heures après l'annonce des résultats, je devrais me trouver au restau avec mes potes. Seulement voilà, il y a un os, comme dit mon grand-père. Je suis recalé. Recalé sans espoir de repêchage. Fini, le bac. Vous reviendrez l'année prochaine.

15 Je suis dans ma chambre, où la moquette bleue a été remplacée il y a des années par des lames de hêtre. Je regarde ma feuille de notes sans parvenir à y croire : j'ai raté mon bac. Je pourrais me chercher des excuses et affirmer que j'ignore comment c'est arrivé, mais je mentirais. Rien n'arrive tout seul. 20 Les choses se préparent, elles couvent, comme des maladies graves. C'est vrai, j'aurais dû réussir sans peine ; personne n'en avait jamais douté. Ni mes profs, ni mes parents, ni même moi. En réalité, ça devait rouler tout seul et ça a coincé grave, comme dirait Mathilde.

25 Assis par terre, je regarde droit devant moi. J'ai fermé la porte, et mes parents ont la sagesse de me laisser digérer ma déception sans intervenir. À la stupéfaction des premiers instants a succédé une vraie vague de colère contre moi-même. Je m'étais comporté comme un imbécile, je payais, c'est tout. 30 Puis, comme toujours quand on se sent un peu honteux de soi, j'ai tourné ma fureur contre les autres. C'est-à-dire eux, mes

---

1 **un méandre** un labyrinthe – 2 **tu** *participe passé de* se taire – 3 **accéder à qc** arriver à qc – 3 **la majorité** avoir plus de 18 ans – 5 **une réticence** Zögern – 5 **la gaieté** [gete] la joie – 6 **balayer** *ici :* chasser (verbannen) – 9 **consacrer à qc** employer toute son énergie à faire qc – 11 **un restau** *fam* un restaurant – 12 **il y a un os** [ɔs] *fam* il y a un souci, un problème – 13 **recalé** *fam* ne pas être accepté à un examen – 13 **un repêchage** *fig* une épreuve en plus donnant une nouvelle chance aux candidats qui ont presque eu la moyenne de réussir un examen (ici, le baccalauréat) – 16 **remplacer** changer – 16 **une lame** une bande de bois faisant partie du parquet (Holzboden) – 17 **°hêtre** Buche – 17 **parvenir à** arriver à – 17 **râter** ne pas réussir – 18 **affirmer** donner pour vrai, assurer – 20 **couver** attendre avant d'arriver d'un coup/par surprise – 20 **une maladie** → malade – 22 **douter** ne pas être sûr – 23 **coincer** bloquer – 26 **la sagesse** *ici :* l'intelligence – 26 **digérer** *fam ici :* accepter – 27 **intervenir** *ici :* dire et faire qc – 28 **un instant** un moment – 28 **succéder** suivre – 29 **se comporter** se conduire, agir – 29 **un imbécile** un idiot – 30 **°honteux** → la °honte – 31 **la fureur** une colère violente

parents. Ils auraient pu, ils auraient dû intervenir. M'empêcher. Me contraindre. Me convaincre, au moins. Ils n'avaient rien fait, ils avaient fermé les yeux, ils s'étaient voilé la face : je les déclarais coupables.

5 Quand je me suis senti un peu calmé, j'ai ouvert le tiroir de mon bureau, celui qui ferme à clé. Depuis le mois de mai, je le tiens bien clos, ce tiroir, et je porte la clé en pendentif même sous la douche. J'ignore pourquoi je crains à ce point une indiscrétion de ma mère, ou même de Mathilde : je n'ai 10 jamais eu à m'en plaindre jusqu'ici, je ne vois pas pourquoi la curiosité aurait poussé l'une ou l'autre à explorer les secrets enfermés dans mon meuble. En tout cas, c'est ainsi : le fameux dossier s'y trouve, dissimulé sous quelques feuilles de brouillon couvertes d'équations. Ce soir, j'ai besoin de comprendre ce 15 qui vient de m'arriver, alors je tire le dossier de sa planque. Le tenir entre mes doigts me fait encore trembler, bien que depuis des semaines je connaisse par cœur son maigre contenu.

C'est une simple chemise en papier fort. Dedans, deux feuilles seulement : on est loin de la liasse épaisse imaginée pendant 20 des mois. Sur la première page, on a noté les renseignements concernant mon adoption : enfant Sylvain X, confié le 7 août à M. et Mme Antoine Desjonquères. Suit l'état civil de mes parents adoptifs et leur adresse à l'époque. La seconde est un feuillet pré-imprimé bleu pâle qui a été complété à la main, 25 au moment de ma naissance, par le médecin, ou l'infirmière, ou peut-être l'assistante sociale. On y trouve les notations qui figurent aussi sur mon carnet de santé : le jour et l'heure, la taille et le poids. Et puis une indication de quelques mots qui a bouleversé ma vie et entraîné au passage mon échec au bac. 30 Presque rien.

---

1 **empêcher qn de faire qc** arrêter qn – 2 **contraindre qn** obliger qn – 3 **se voiler la face** refuser de voir la réalité en face – 4 **coupable** responsable (schuldig) – 7 **clos** fermé – 7 **un pendentif** un bijou (Anhänger) – 11 **la curiosité** quand on veut absolument savoir/ apprendre/connaître qc – 11 **pousser qn à faire qc** décider qn à faire qc – 12 **c'est ainsi** c'est comme ça – 13 **dissimulé** caché – 13 **une feuille de brouillon** Konzeptpapier – 15 **tirer** *ici :* sortir – 15 **une planque** *fam* un endroit où l'on cache qc – 16 **un doigt** une main, cinq doigts – 17 **maigre** mince – 17 **un contenu** *ici :* l'ensemble des documents du dossier – 19 **une liasse** un ensemble de papiers – 20 **un renseignement** une information – 22 **l'état civil** l'ensemble des éléments prouvant officiellement le statut d'une personne (nom, nationalité, adresse…) – 23 **adoptif** → l'adoption *f* – 24 **un feuillet pré-imprimé** une feuille recto verso pliée pré-remplie – 24 **pâle** clair, peu coloré – 25 **une infirmière** une personne qui travaille à l'hôpital ou à domicile – 26 **une notation** une indication – 27 **figurer sur** se trouver dans – 27 **un carnet** un petit cahier – 28 **le poids** Gewicht – 29 **bouleverser** changer – 29 **entraîner qc** provoquer qc – 29 **au passage** *ici :* en passant – 29 **un échec** ‡ une réussite, un succès

Un nom, un prénom, une adresse que j'ai découverts brutalement et qui m'ont jeté dans la tourmente, comme si j'avais reçu une baffe d'un géant.

Je repense, presque malgré moi, à cette première fois. Quand
5 j'ai tenu l'enveloppe entre mes mains et que je me suis préparé à l'ouvrir. Je retrouve les sensations d'alors : mon cœur qui s'accélère, mes lèvres qui se crispent, mes mains qui perdent tout contrôle. La curiosité qui me dévore depuis des années s'apprête à être satisfaite. Sous ce morceau de papier kraft
10 se cache un pan de mon existence, le tout premier, et je vais enfin arracher le voile. Et puis j'ouvre, et je lis, et je tombe, et la nausée monte, monte, et ma tête tourne, et je crie.

Né de : MAZIANE Samira. Adresse : Hôpital Mustapha, ALGER (Algérie).

15 Ça tient en une ligne.

Elle s'appelle Samira.

Elle est le ventre dont je suis sorti il y a dix-huit ans, le 4 mai à 17 heures 10.

Mes doigts se referment sur le papier. Je progresse. Il y a
20 deux mois, j'ai dû m'asseoir sous le choc, et j'ai étouffé le cri qui s'étranglait dans ma gorge.

C'était écrit là, noir sur bleu : je suis arabe. Samira, domiciliée à Alger. Il n'y avait aucun doute là-dessus.

La vérité m'avait cueilli à froid. J'étais resté terrassé pendant
25 plusieurs minutes. Mon premier geste, une fois la stupéfaction passée, avait été de prendre une douche brûlante. Je lavais une souillure dont je ne désirais pas connaître l'origine. Je me sentais trahi. Sali. Arabe. À peine séché, je m'étais regardé devant le miroir en pied de la salle de bains. J'étais le même, et
30 cependant totalement différent. Je cherchais dans la glace les indices qui auraient dû, depuis l'enfance, me mettre la puce

---

2 **une tourmente** un grand trouble – 3 **une baffe** *fam* Ohrfeige – 5 **une enveloppe** une pochette en papier pour envoyer des lettres, des cartes ... – 7 **s'accélérer** devenir plus rapide – 7 **les lèvres** *fpl* la partie de la bouche avec laquelle on embrasse – 7 **se crisper** sich zusammenziehen, verkrampfen – 8 **dévorer** verzehren – 9 **s'apprêter à** se préparer à – 9 **satisfait** *ici :* qui reçoit satisfaction – 10 **un pan** une partie – 11 **arracher** enlever avec force – 11 **un voile** Schleier – 12 **la nausée** Übelkeit – 20 **étouffer** retenir un son pour qu'on ne l'entende pas – 21 **s'étrangler** ne pas pouvoir sortir de la gorge – 22 **domicilié** installé, habitant – 23 **un doute** une hésitation, quand on n'est pas sûr – 24 **cueillir qn** prendre qn par surprise – 24 **terrassé** erschüttert – 26 **brûlant** très chaud → brûler – 27 **une souillure** ce qui rend qn moralement sale, indigne, impur – 28 **trahir** verraten – 28 **salir** rendre sale – 28 **sécher** → sec – 29 **un miroir** Spiegel – 31 **une enfance** → un enfant – 31 **mettre la puce à l'oreille de qn** faire que qn se pose des questions

à l'oreille. Les cheveux, peut-être ? Ma mère avait toujours été fière de mes boucles brunes qui l'été se teintaient de reflets plus chauds et que je portais à dessein juste un peu trop longues : en famille, pour me taquiner, on m'appelait parfois
5 Félicien le Florentin en prétendant que mon visage évoquait la Renaissance italienne. Et mes yeux, alors ? Verts et limpides, transparents presque ; tout le monde m'en faisait compliment. Je ne comprenais pas. Cherchez l'erreur.

Pendant quelques minutes, j'avais scruté le corps nu reflété
10 par le miroir. Arabe ou pas, je gardais ma peau claire et mes yeux verts. À la lecture du dossier, j'avais été horrifié, et voici qu'à la surprise succédait l'humiliation.

Je me détestais profondément. Je haïssais ma faiblesse, mon dégoût, et ce qu'il fallait bien appeler mon racisme tout neuf et
15 totalement inattendu. Rien, dans l'éducation que j'avais reçue, ne m'y avait préparé. J'avais honte de ma réaction. Plus que cela : j'étais épouvanté.

Ensuite j'ai cru, en toute bonne foi, pouvoir surmonter le choc. Je n'ai rien dit à personne, et si mes parents ont
20 remarqué un changement d'attitude, ils ont préféré s'en tenir à distance. Je suis retourné au lycée et j'ai repris ma petite vie sans problème apparent. Sauf que le cœur n'y était plus. La lecture du feuillet bleu avait jeté sur mon existence un voile gris presque invisible, mais qui modifiait tout, comme sur une
25 photographie ratée : mes journées manquaient d'éclat et mes pensées flottantes semblaient avoir perdu toute netteté. J'ai vécu sans y prendre garde, glissant silencieusement d'un jour à l'autre. J'ai même oublié de travailler. Et j'ai raté mon bac.

30 Je range le dossier à sa place et je contemple, une fois de plus, ma feuille de notes. Demain j'irai me réinscrire en terminale.

---

1 **être fier de qn/qc** auf jdn/etw stolz sein – 2 **une boucle** *pour les cheveux* en forme de vague – 2 **brun** marron – 2 **se teinter** prendre une autre couleur – 2 **un reflet** *dans les cheveux* une nuance de couleur provoquée par la lumière – 3 **à dessein** avec une intention particulière (absichtlich) – 4 **taquiner** blaguer – 4 **parfois** de temps en temps, quelquefois – 5 **un Florentin** qui habite à Florence, en Italie – 6 **limpide** clair, transparent – 9 **scruter** observer, regarder avec attention, étudier – 9 **un corps** Körper – 9 **nu** sans vêtements – 11 **horrifié** → une horreur – 12 **une humiliation** la °honte – 13 **profondément** fortement – 13 °**haïr** détester – 13 **une faiblesse** quand qn n'est pas fort – 14 **le dégoût** ≠ le goût (Ekel) – 15 **inattendu** quand on ne s'attend pas à qc – 17 **épouvanté** horrifié, paniqué – 18 **en toute bonne foi** vraiment – 18 **surmonter** überwinden – 24 **invisible** ce qu'on ne peut pas voir – 25 **raté** *ici :* pas réussi, pas joli – 25 **un éclat** *ici :* une lumière – 26 **flottant** vague – 26 **sembler** donner l'impression de – 26 **une netteté** *ici :* ce qui est clair, précis – 27 **prendre garde à** faire attention à – 27 **glisser** *ici :* passer, aller – 27 **silencieusement** en silence – 29 **contempler** observer, regarder avec attention – 30 **se réinscrire** *ici :* recommencer – 30 **la terminale** classe du lycée correspondant à la 12ᵉ ou 13ᵉ en Allemagne

C'est décidé : je le veux, ce bac. Tant pis pour moi s'il me faut attendre un an de plus. Je me sens quelque peu soulagé. Je regrette seulement de devoir patienter pendant deux mois avant de reprendre les cours.

5 Vacances. Le mot signifie "vide", c'est mon père qui me l'a appris. Deux mois de vide à affronter, sans autre projet qu'un redoublement. Ça me paraît une éternité.

J'essaie d'imaginer trente jours en Corse avec mes parents, c'est ce qui était prévu, et ensuite trois semaines de camping

10 dans le Sud avec mes potes. L'idée de vacances me semble parfaitement insupportable. Je n'irai pas. Voilà, c'est certain et définitif, je n'irai pas.

J'ai pris la décision sans vraiment m'en rendre compte.

1 **tant pis** dommage – 2 **soulagé** calmé, satisfait – 3 **patienter** attendre – 5 **signifier** vouloir dire – 6 **affronter qc** faire face à un problème, une difficulté – 7 **un redoublement** quand on reste deux fois de suite dans la même classe – 7 **paraître** sembler, donner l'impression de – 8 **la Corse** Korsika – 9 **prévu** déjà organisé, décidé

2 AOÛT

Les jours ont commencé à raccourcir. Il n'est que vingt heures, mais le soir est bien là. Je suis allé faire un tour sur les quais avant d'embarquer. Mon sac tire sur mes épaules et je finis par m'asseoir sur un banc un peu en retrait. Je n'ose pas laisser mes
5 affaires sans surveillance, alors je me repose quelques minutes avec mon chargement à mes pieds. La nuit tombe sur le port de Marseille.

Un train bondé de vacanciers m'a amené gare Saint-Charles dans l'après-midi. J'arrive de Montélimar. C'est là, enfin pas
10 loin de là, que j'ai passé les dernières semaines. Le temps s'est dilaté depuis ce soir de juillet où j'ai pris la plus grande décision de ma vie. Je me souviens de ce dîner morose avec mes parents ; ils m'examinaient par en dessous en essayant de cacher leur inquiétude, tandis que Mathilde tentait
15 gentiment de me remonter le moral en minimisant mon échec. L'ambiance était lugubre. Et pendant tout le repas, je savais déjà ce que j'allais faire. Le lendemain matin, j'ai annoncé que je filais au lycée pour ma réinscription : la nouvelle a provoqué chez mon père un soupir de soulagement. "Tu as rudement
20 raison, il ne faut pas te laisser abattre au premier échec", a-t-il dit avec un sourire encourageant. Je me suis senti malhonnête, à ce moment-là.

J'ai passé la matinée à remplir les papiers que réclamait l'administration de mon lycée pour me trouver une place dans
25 une classe de terminale. Quand j'ai eu fini, j'ai passé un coup de fil à ma mère, pour la rassurer. Elle n'allait pas fort, elle avait

---

1 **raccourcir** devenir plus court – 3 **embarquer** monter dans un bateau – 3 **tirer** *ici :* faire mal – 4 **en retrait** *ici :* seul – 4 **oser qc** *ici :* risquer qc, essayer de faire qc – 5 **la surveillance** → un surveillant – 5 **se reposer** se relaxer, faire une pause – 6 **un chargement** *ici :* un sac de voyage – 8 **bondé** plein de – 8 **un vacancier** une personne en vacances, un touriste – 8 **amener** *ici :* conduire – 11 **se dilater** *ici :* devenir plus long – 12 **morose** triste – 13 **examiner** regarder avec attention, observer – 13 **en dessous** en bas – 14 **l'inquiétude** *f* → inquiet – 14 **tandis que** pendant que – 14 **tenter de faire qc** essayer de faire qc – 15 **minimiser** rendre une chose moins importante – 16 **lugubre** *ici :* triste – 18 **filer** *fam ici :* partir vite – 18 **une réinscription** se faire enregistrer à nouveau sur la liste des élèves pour l'année scolaire suivante → se réinscrire – 19 **un soupir** un souffle fort et bruyant provoqué par une émotion (Seufzer) – 19 **un soulagement** Erleichterung – 19 **rudement** *fam* drôlement, bien – 20 **abattre** déprimer – 21 **encourageant** qui donne du courage – 21 **malhonnête** *ici :* qui ment – 23 **remplir** *ici :* compléter un formulaire de demande d'informations – 23 **réclamer** demander – 25 **un coup de fil** un coup de téléphone – 26 **rassurer qn** calmer, tranquiliser qn

bien besoin de son mois de vacances en Corse. En rentrant à la maison, j'ai bouclé mes affaires. J'ai fait disparaître mes cours et mes livres de classe dans un coin de l'armoire et j'ai entassé quelques fringues et un duvet dans mon sac à dos. Je n'avais
5 pas de tente, j'ai regretté. J'ai pris mon dossier pour en sortir la seconde page, que j'ai soigneusement pliée dans une petite enveloppe. J'ai attrapé mon blouson, trop chaud pour la saison mais bourré de petites poches bien pratiques. J'y ai fourré l'enveloppe, mon passeport, ma carte de crédit toute neuve et
10 mon téléphone portable. Je me suis senti grand, tout à coup. Adulte.

Puis j'ai préparé mon matériel photographique. J'ai sorti le Nikon de mon grand-père Félix, dont j'ai hérité l'an dernier, et j'ai hésité sur le choix des objectifs. Finalement, j'ai laissé
15 le gros téléobjectif, trop lourd et trop encombrant, et j'ai pris un soixante-dix millimètres que j'ai fixé sur le boîtier. L'objectif traditionnel du portrait, ce serait le mieux. Au dernier moment, je n'ai pas pu résister et j'ai ajouté un grand angle que j'ai glissé dans une des poches intérieures du blouson.

20 Quand tout m'a semblé prêt, il était deux heures. Mathilde risquait de rentrer et je préférais ne pas la croiser. Je n'aurais supporté ni ses reproches ni ses supplications. Il fallait faire vite. Je me suis installé devant mon bureau, j'ai débranché l'ordinateur. C'était un geste idiot, mais qui m'a paru significatif
25 sur l'instant : je ne voulais pas que mes parents perdent leur temps à essayer de deviner le mot de passe pour chercher dans d'hypothétiques fichiers des explications qui n'existaient pas. J'ai eu du mal à écrire les mots sur la feuille de papier, mais finalement c'est venu. Je leur ai demandé surtout de ne
30 pas s'inquiéter (c'était inutile, ça, je savais bien que de toute façon leur angoisse prendrait le dessus), et d'attendre sans

---

2 **boucler qc** *fam ici :* finir qc – 2 **faire disparaître qc** *ici :* enlever qc pour que l'on ne le voit plus, ranger, cacher – 3 **une armoire** un meuble où l'on range ses vêtements – 3 **entasser qc** anhäufen – 4 **un duvet** un sac de couchage, pour dormir – 5 **une tente** Zelt – 6 **soigneusement** avec soin → soigner – 6 **plier** falten – 8 **bourré de** plein de – 8 **fourrer qc dans qc** mettre à l'intérieur de – 13 **hériter de qc/qn** recevoir qc de qn – 14 **hésiter** [ezite] ne pas pouvoir se décider – 14 **un choix** → choisir – 15 **encombrant** qui prend trop de place – 16 **un boîtier** Gehäuse – 18 **un grand angle** Weitwinkel – 18 **glisser** *ici :* mettre – 20 **sembler** avoir l'air (scheinen) – 21 **croiser qn** voir/rencontrer qn – 22 **supporter** tolérer – 22 **une supplication** quand on prie qn de (ne) faire (pas) qc – 23 **débrancher** arrêter (ausschalten) – 24 **paru** *participe passé de* paraître, avoir l'air, sembler – 24 **significatif** parlant, qui indique clairement qc – 25 **sur l'instant** sur le moment – 27 **un fichier** *en informatique* ensemble de données/documents – 30 **s'inquiéter** être inquiet – 31 **l'angoisse** *f* la peur – 31 **prendre le dessus** gagner

broncher. Je leur donnerai de mes nouvelles un peu plus tard.
Je ne leur disais rien de mes intentions, qui de toute manière
paraissaient, même à moi, encore bien floues. En réalité, tout
s'est passé très simplement. J'ai expliqué en trois lignes que
5 je renonçais à la Corse mais que je serais de retour sans faute
pour la rentrée des classes. On pouvait me faire confiance.
Que j'avais besoin d'air et de liberté. D'un peu de temps pour
réfléchir, aussi. J'ai supposé qu'ils comprendraient.

J'ai raflé toute la monnaie qui traînait dans la maison,
10 histoire de ne rien laisser perdre. C'était du vol, bien sûr, mais
ça ne représentait pas grand-chose. L'argent ne me souciait
pas trop, mon compte en banque avait fait le plein deux mois
plus tôt, avec mon anniversaire. J'avais sûrement de quoi tenir
quelque temps, et j'avais bien l'intention de gagner un peu de
15 fric. J'avais déjà mon idée sur la façon de m'y prendre.

À quatre heures, j'ai claqué la porte en emportant ma clé,
on ne sait jamais. Il me resterait toujours la possibilité de
réintégrer l'appartement dans quelques jours, après le départ
de la famille. J'ai pris cent cinquante euros dans un distributeur
20 bancaire et je me suis posté à l'entrée de l'autoroute du sud en
levant le pouce. Début juillet, ce ne sont pas les bagnoles qui
manquent. En deux heures j'étais à Auxerre, devant le poste de
péage, prêt à poursuivre ma route.

Un de mes copains avait trouvé un job d'été quelque part
25 dans le Roussillon, où il avait été embauché pour récolter des
fruits. Le plan me paraissait bon, j'allais essayer de faire pareil.
Je me suis arrêté à Montélimar, après quatorze heures de
voyage coupé en quatre étapes. J'étais crevé, mais surexcité en
même temps. J'avais l'impression d'être enfin devenu le pirate
30 de mes premières années. Je n'avais pas eu une pensée pour
les miens, qui à cette heure devaient se morfondre devant ma
bafouille.

---

1 **broncher** réagir – 2 **de toute manière** de toute façon – 3 **flou** vague, confus, + clair –
5 **renoncer** abandonner – 5 **être de retour** revenir – 5 **sans faute** bien sûr – 9 **rafler**
fam ici : prendre – 9 **traîner** se trouver partout – 11 **soucier** inquiéter – 13 **tôt** + tard –
16 **claquer** fermer avec un bruit sec – 16 **emporter** prendre avec soi – 18 **réintégrer**
revenir – 19 **un distributeur bancaire** un appareil automatique où l'on prend l'argent –
20 **se poster** se placer pour attendre – 21 **lever le pouce** *ici :* faire du stop (trampen) –
21 **une bagnole** *fam* une voiture – 23 **poursuivre qc** *ici :* continuer qc – 25 **embaucher**
qn recruter qn, prendre qn pour un travail – 25 **récolter** ramasser – 26 **pareil** la même
chose – 28 **crevé** *fam* très fatigué – 28 **surexcité** sehr aufgeregt – 31 **les miens** *ici :* ma
famille – 31 **se morfondre** attendre avec tristesse, s'inquiéter – 32 **une bafouille** *fam*
une lettre

J'ai fait exactement comme je l'avais imaginé. Je connaissais un peu la région de Montélimar, j'ai voulu y tenter ma chance. J'ai fait tous les cafés du coin en racontant partout que je cherchais un boulot pour quelques semaines. Au bout de trois
5 jours, quelqu'un m'a parlé du domaine Pézas.

J'ai vraiment eu de la chance. Le père Pézas est un grand type costaud qui exploite quelques hectares d'arbres fruitiers. Un de ses journaliers habituels l'avait lâché et il cherchait du personnel. Il m'a proposé un contrat honnête : un lit dans le
10 dortoir qu'il a aménagé pour l'été dans l'une des granges, un accès à la douche extérieure dans la cour et un emploi temporaire d'ouvrier agricole. J'ai dit oui tout de suite. Durant quatre semaines, j'ai ramassé les pêches et les abricots du matin au soir en me faisant engueuler vingt fois par heure
15 parce que j'étais trop lent ou trop inattentif. Rien de grave. Fin juillet, j'ai reçu ma première paie : un vrai SMIC, avec les heures sup.

Le plus difficile, quand on ramasse les fruits comme ça, c'est de tenir le coup physiquement. Le boulot est dur : les
20 premiers jours, j'avais le dos en compote et des coupures plein les doigts. Après, ça va mieux. On s'endurcit. À la gare tout à l'heure, je me suis regardé dans la glace des toilettes : mes boucles brunes sont décolorées par le soleil et je suis bronzé comme jamais, ça fait drôlement ressortir le vert de mes yeux.
25 J'ai des écorchures sur les mollets et au coude, et d'incroyables cals sur les mains. Je ne me suis pas rasé depuis le départ non plus, alors forcément j'ai pris un coup de vieux.

---

2 **tenter sa chance** commencer qc en espérant avoir de la chance pour réussir –
7 **costaud** *fam* fort – 7 **exploiter** *ici :* travailler (la terre) – 7 **un arbre fruitier** un arbre qui
donne des fruits – 8 **un journalier** une personne payée à la journée, souvent dans le
domaine de l'agriculture (Landwirtschaft) – 8 **habituel** üblich – 8 **lâcher qn** *fam* quitter/
laisser qn – 9 **honnête** *ici :* correct, acceptable – 10 **un dortoir** une salle avec plusieurs
lits pour dormir – 10 **aménager** installer pour y habiter – 10 **une grange** Scheune –
11 **extérieur** ‡ intérieur – 12 **temporaire** qui ne dure pas – 12 **un ouvrier agricole** une
personne qui travaille dans le domaine de l'agriculture – 14 **engueuler qn** *fam* crier
durement après qn – 15 **inattentif** qui manque d'attention – 16 **une paie** [pɛ] ou [pɛj]
→ payer – 16 **le SMIC (salaire minimum interprofessionnel de croissance)** le minimum
d'argent imposé par l'État que doit gagner toute personne qui travaille – 17 **une
heure sup** *Abk fam* (supplémentaire) une heure de travail en plus, souvent payée plus
cher – 19 **tenir le coup** résister – 19 **physiquement** körperlich – 20 **en compote** *fam ici :*
douloureux – 20 **une coupure** quand on se coupe – 21 **s'endurcir** devenir plus résistant,
moins sensible – 23 **décoloré** *pour les cheveux* qui devient plus clair au soleil – 24 **faire
ressortir** hervorheben, zur Geltung bringen – 25 **une écorchure** Wundstelle – 25 **un
mollet** Wade – 25 **un coude** la partie du corps entre le bras et l'avant-bras (Ellbogen) –
26 **un cal** quand la peau est devenue dure à un endroit – 27 **forcément** évidemment –
27 **prendre un coup de vieux** *fam* devenir vite plus vieux

Bosser avec les mains, ça vous vide la tête. Moi, au début, ça m'a vraiment fait du bien. Je n'avais plus la force de penser. Le soir, je mangeais un sandwich en vitesse et je m'effondrais sur mon lit. Faut dire que chez Pézas, on commençait à six heures
5 tous les matins, pour profiter de la fraîcheur. Je me suis remis à réfléchir à la fin de la première semaine. Je ne voulais surtout pas perdre de vue le but que je m'étais fixé. J'avais obtenu mon visa au mois de juin, et je m'étais donné jusqu'à la rentrée de septembre pour retrouver Samira. Ce n'était pas le moment de
10 mollir. Il fallait juste que je m'organise.

Dans le dortoir, il y avait pas mal d'habitués. Des Marocains, surtout, qui reviennent tous les ans travailler dans les mêmes domaines. Pas désagréables, mais ils restaient entre eux. Il y avaient aussi deux Roumains qui attendaient l'automne avec
15 impatience : ils rêvaient de faire les vendanges en Champagne, ils avaient cette idée fixe depuis leur départ de chez eux. Je me suis pourtant fait un copain. Un jeune d'origine algérienne qui a grandi dans la banlieue de Lyon. Au début, je l'ai évité, comme si je craignais d'être reconnu. C'était stupide, ça n'était
20 jamais arrivé. Mais nous étions les deux plus jeunes de la bande, et les plus isolés ; ça nous a rapprochés, on a discuté. Ramdane, il s'appelle. Un beur de la troisième génération : son grand-père est arrivé en France juste avant l'indépendance, sa famille l'a rejoint un peu plus tard. Ramdane, lui, ne connaît
25 pas grand-chose de son pays d'origine ; il est français, comme tout le monde, et quand il va là-bas, c'est seulement pour deux semaines de vacances, parce qu'il a encore des cousins au bled, comme il dit.

Je suis resté discret, évidemment. Je ne suis disposé à
30 partager mon secret avec personne. Mais j'ai quand même pris des renseignements, l'air de rien. Je voulais traverser la Méditerranée et je ne savais pas comment m'y prendre. Ramdane m'a aidé, il m'a parlé du bateau. Le 20 juillet, j'ai téléphoné pour réserver un billet pour Alger. On m'a ri au nez.
35 Il paraît que les places sur les avions et les ferries sont prises

---

3 **en vitesse** → vite, rapidement – 5 **profiter de la fraîcheur** être au frais – 7 **obtenir** recevoir – 10 **mollir** devenir moins fort – 15 **faire les vendanges** *fpl* Weinlese halten – 16 **une idée fixe** une obsession, une idée à laquelle on n´arrête pas de penser – 21 **se rapprocher de qn** se sentir plus proche de qn – 24 **rejoindre qn** aller retrouver qn – 25 **un pays d'origine** le pays d'où l'on vient – 28 **un bled** *arabe maghrébin pej* un petit village isolé – 29 **être disposé à** être prêt/préparé à – 30 **partager un secret avec qn** raconter un secret à qn – 32 **la Méditerranée** la mer qui sépare la France de l'Afrique du nord – 35 **être pris d'assaut** *ici :* être réservé rapidement

d'assaut dès le mois de mars. Je me suis fait inscrire sur liste d'attente, à tout hasard. J'étais furieux et plutôt démoralisé.

Le miracle a eu lieu il y a trois jours. On m'a rappelé : il restait une place pour le 2 août au soir, avec un retour le 22. Un
5 désistement. C'était à prendre ou à laisser. J'ai pris. J'ai raconté au père Pézas que je devais repartir, pour cause d'urgence familiale. Ce n'est pas entièrement faux. J'ai aussi appelé Mathilde sur son portable. Je l'ai prévenue que je partais en voyage jusqu'à fin août, que j'allais bien. Pas un mot sur la
10 destination, bien entendu. C'est mieux comme ça. Je garde mon histoire, elle n'appartient qu'à moi. Et quand Mathilde a évoqué le chagrin de maman avec des tremblements dans la voix, j'ai dit au revoir rapidement et j'ai raccroché. Pas vraiment cool, mais il n'y avait pas moyen de faire autrement.
15 J'avais trop peur de flancher.

Autour de mon banc, on commence à s'agiter. D'ici, je surveille le ferry sur lequel je m'apprête à monter pour une traversée de près de vingt-quatre heures. L'embarquement des véhicules est terminé depuis belle lurette, beaucoup de
20 passagers sont déjà à bord. Je vérifie nerveusement que mon billet et mon passeport se trouvent toujours dans la poche intérieure de mon blouson. Je suis passé à la banque, cet après-midi, et j'ai pris pas mal d'argent que j'ai réparti un peu partout sur moi et dans mon sac, on ne sait jamais. Ce serait
25 trop bête de se faire dévaliser maintenant. J'ai même pensé à m'arrêter dans une blanchisserie automatique pour partir avec du linge propre. Je me suis occupé de mes photos, aussi. Je tâte le côté de mon sac, là où j'ai rangé les pellicules neuves que j'ai achetées tout à l'heure. Ils ont raison, ceux qui disent que
30 la photographie numérique est bien plus facile et pratique. Ils ont raison, c'est évident, mais pour moi ça ne change rien. Je

---

1 **dès** depuis – 2 **à tout °hasard** [ˈazaʀ] on ne sait jamais – 2 **démoralisé** qui a perdu le moral – 3 **avoir lieu** se passer – 5 **un désistement** *ici :* une personne qui ne part plus – 7 **entièrement** complètement – 8 **prévenir qn de qc** informer qn de qc – 11 **appartenir à qn** être à qn – 12 **évoquer qc** *ici :* parler de qc – 12 **un chagrin** quand l'on est triste – 12 **un tremblement** → trembler – 13 **raccrocher** finir une conversation téléphonique – 15 **flancher** *fam* manquer de force et de courage, mollir – 16 **autour de** près de – 16 **s'agiter** bouger, se mettre en mouvement – 17 **surveiller** observer avec attention – 18 **une traversée** un voyage en bateau → traverser – 18 **un embarquement** → embarquer – 19 **depuis belle lurette** depuis bien longtemps – 23 **répartir qc** ranger dans plusieurs endroits – 25 **dévaliser** voler – 26 **une blanchisserie** un magasin où les vêtements sales sont lavés (blanchis) → blanc – 27 **le linge** des vêtements – 28 **une pellicule** *ici :* le film que l'on met dans l'appareil photo pour pouvoir prendre des photos

ne lâcherais le vieux Nikon de mon grand-père pour rien au monde.

Il fait nuit noire à présent. Le port est tout illuminé, les lumières se reflètent dans l'eau sombre. Encore une nuit, une
5 mer à traverser. Une mer seulement, pas un océan ; c'est si près, Alger. C'est là qu'elle se trouve, Samira. C'est là que je vais la rencontrer. Je la reconnaîtrai peut-être. Qui sait si je lui ressemble ? Et puis je la photographierai, très soigneusement, avec l'objectif de soixante-dix millimètres, et j'emporterai son
10 portrait avec moi. Enfin, peut-être.

J'ai rassemblé mes affaires et j'ai marché jusqu'à l'appontement. Il y avait foule, et c'était la pagaille. Au bout de la passerelle, un membre d'équipage a déchiré un coin de mon billet et m'a indiqué un escalier qui descendait. Je n'ai
15 pas de cabine, bien sûr, seulement un fauteuil numéroté. La foule peine à avancer tant les couloirs et les escaliers sont encombrés de gens et de bagages énormes. Les passagers sont presque tous maghrébins, français ou algériens – je ne sais pas. En tout cas ils ne rechignent pas à se charger : j'ai rarement vu
20 autant de sacs volumineux.

J'ai fini par dénicher le fauteuil sur lequel je vais passer la nuit : il est situé dans une salle fermée au niveau le plus bas du bateau, juste au-dessus des voitures. De là, on n'a aucune chance de voir la mer et il fait déjà une chaleur étouffante.
25 On n'est pas encore parti que ça pue déjà la bouffe et la transpiration. Je pose mon sac sur le siège, après avoir récupéré la paire de chaussettes dans laquelle j'ai planqué quelques billets cet après-midi, j'empoigne mon appareil photo et je monte les escaliers jusqu'au pont, histoire de prendre l'air.
30 Personne ne m'a arrêté, c'est déjà ça.

Trois étages plus haut, me voici à l'air libre. Je pensais trouver l'endroit archicomble, mais finalement il n'y a pas

---

3 **illuminé** erleuchtert – 4 **sombre** ≠ clair – 8 **ressembler à qn** jdm ähneln –
8 **soigneusement** avec soin → soigner – 11 **rassembler qc** regrouper – 12 **un
appontement** le pont où l'on embarque/monte sur un bateau – 12 **une pagaille** *fam*
le chaos, la confusion – 13 **un membre d'équipage** une personne travaillant sur un
bateau – 13 **déchirer** *ici* : enlever – 14 **indiquer** montrer – 15 **un fauteuil** Sessel –
16 **peiner à faire qc** avoir des difficultés à faire qc – 16 **avancer** marcher – 17 **encombré
de** plein de – 17 **un bagage** un sac de voyage – 19 **rechigner à faire qc** sich sträuben –
19 **se charger** *ici* : prendre beaucoup de bagages lourds – 19 **rarement** ≠ souvent –
20 **autant de** so viel – 20 **volumineux** gros, qui prend de la place – 21 **dénicher** *fam*
découvrir, trouver – 22 **situé** placé – 24 **étouffant** erstickend – 25 **puer** ≠ sentir bon –
25 **la bouffe** *fam* la nourriture, à manger – 26 **la transpiration** Schweiß – 26 **un siège**
un fauteuil – 26 **récupérer** *fam* reprendre – 27 **planquer** *fam* cacher – 28 **empoigner**
prendre dans la main – 32 **archicomble** *fam* plein

tant de monde que ça. Je réussis même à m'approcher d'une balustrade et à m'accouder au bastingage près d'un type qui téléphone en arabe en tirant nerveusement sur sa cigarette. J'écoute, comme si je les entendais pour la première fois, les
5 sons rocailleux de la langue arabe. On dirait que le type est en colère, mais c'est peut-être le langage qui veut ça : un rythme syncopé et des sonorités qu'on crache du fond de la gorge. J'aimerais bien savoir si on peut parler doucement en arabe. Comment on récite de la poésie, par exemple. Comment les
10 mères chuchotent aux oreilles des nouveau-nés.

Debout sur le pont, je me rappelle cette image célèbre du film Titanic que j'ai dû voir vingt fois quand j'étais petit ; ce moment où Leonardo DiCaprio se penche à la proue du navire en criant joyeusement qu'il est le maître du monde. Je lui envie
15 cette belle confiance. Je voudrais juste, pour une fois, être maître de mon destin. J'ai beau me pencher par-dessus bord en attendant que l'exaltation du départ me saisisse, je me sens vaguement inquiet et pas trop certain de savoir ce que je fais. Les préparatifs n'en finissent pas. Les portes ont pourtant
20 été relevées il y a plus d'une heure. Plus personne ne monte, même si se trouvent toujours sur le quai quantité de gens venus dire au revoir à leurs proches. Plus loin, Marseille a pris ses habits du soir : des collines, des avenues bien éclairées, la côte qu'on devine au-delà du cap. Je mets une pellicule dans
25 l'appareil et je fais quelques photos de nuit en prenant appui sur la rambarde pour éviter les bougés.

Ça y est, un gros gémissement venu des entrailles du ferry signale l'imminence du départ. Très lentement, le bateau

---

2 **s'accouder à** sich stützen – 2 **un bastingage** une balustrade – 3 **tirer sur une cigarette** fumer – 5 **rocailleux** *ici :* dur – 7 **syncopé** [sɛ̃kɔpe] marqué, accentué – 7 **une sonorité** *ici :* les sons d'une langue (Klang) – 7 **cracher** sortir de la bouche – 8 **doucement** calmement, à voix basse – 9 **réciter** dire à voix haute – 10 **chuchoter** parler à voix basse – 11 **debout** ≠ assis (→ asseoir) – 11 **se rappeler de qc** se souvenir de qc – 11 **célèbre** connu – 13 **se pencher** sich beugen – 13 **la proue du navire** la partie avant d'un bateau – 14 **joyeusement** avec joie – 14 **un maître** une personne qui est très importante/puissante – 14 **envier qc** désirer qc – 15 **la confiance** *ici :* le fait de croire très fort en soi – 16 **le destin** Schicksal – 17 **saisir** *pour une émotion* prendre – 18 **vaguement** d'une façon confuse/imprécise – 19 **les préparatifs** → préparer – 20 **relever qc** remonter qc – 22 **un proche** un parent, un ami – 23 **un habit** un vêtement – 24 **au-delà** plus loin, de l'autre côté – 25 **prendre appui sur** sich stützen – 26 **une rambarde** une balustrade – 27 **un gémissement** un cri *ici :* un bruit – 27 **les entrailles** *ici :* la partie basse et intérieure du bateau – 28 **l'imminence de qc** la proximité de qc – 28 **lentement** ≠ vite

s'ébranle. Je ne peux plus reculer. Je quitte la France et je m'émerveille de ma propre témérité. Demain, je serai à Alger.

Vingt minutes plus tard, après quelques manœuvres qui m'ont paru interminables, nous laissons la grande
5 jetée sur notre gauche, nous arrivons en pleine mer. Presque immédiatement, la houle se fait sentir et le navire se met à osciller. Du coup, les passagers refluent rapidement vers l'intérieur. Moi, je n'ai pas trop envie de me retrouver enfermé pour la nuit dans un espace surpeuplé, alors je reste encore un
10 peu. Un vent salé, humide, presque froid vient balayer le pont. Pour un peu, j'aurais mal au cœur. Je ne serais pas le seul, d'ailleurs. Mon voisin de tout à l'heure n'a pas l'air trop bien. Je le vois tanguer d'un pas hésitant. La mer n'est plus qu'une surface d'encre agitée de mouvements inquiétants. Derrière
15 nous la vieille cité s'éloigne, les lumières des raffineries de l'étang de Berre commencent à se dissoudre à l'horizon.

Le vent qui s'est levé me contraint finalement à rentrer. Je suis des coursives encombrées de valises, je croise des femmes voilées qui ne me regardent pas, je passe devant une
20 cafétéria bourrée de monde. Lorsque je rejoins mon fauteuil, je découvre qu'il est occupé par un garçon à peine plus vieux que moi. Mon sac, qu'on a posé à terre, a déjà été bousculé plusieurs fois. Heureusement, le gars se lève avant que j'aie le temps de manifester de la mauvaise humeur.

25 – C'est ta place ?

Ben oui, évidemment que c'est ma place, il faut montrer son billet ou quoi ? Je préfère ne pas chercher d'ennuis, alors je me contente de faire oui de la tête, et je suis étonné de voir que le type se lève sans râler. Je rapproche mon sac pour le garder à
30 mes pieds et je m'assieds.

---

1 **s'ébranler** partir, se mettre en mouvement – 1 **reculer** *ici* : renoncer, revenir en arrière – 2 **s'émerveiller de qc** *ici* : être surpris et content de qc – 2 **la témérité** le courage – 4 **interminable** sans fin – 5 **une jetée** une avancée sur l'eau (Mole) – 6 **immédiatement** tout de suite – 6 **une houle** le mouvement de la mer que forment les vagues – 7 **osciller** [ɔsile] schwanken – 7 **refluer** revenir, retourner – 9 **un espace surpeuplé** un endroit où il y a trop de personnes – 10 **salé** → le sel – 10 **humide** ≠ sec – 10 **balayer** *pour le vent* emporter tout ce qui se trouve sur son passage – 11 **avoir mal au coeur** übel sein (Magen) – 12 **d'ailleurs** *ici* : je crois – 13 **tanguer** osciller – 13 **un pas** Schritt – 13 **hésitant** ≠ sûr – 14 **l'encre** *f* Tinte – 14 **inquiétant** qui rend inquiet – 15 **s'éloigner** *ici* : disparaître lentement – 16 **se dissoudre** *ici* : disparaître – 18 **une coursive** un couloir dans un bateau – 18 **une valise** un bagage – 19 **une femme voilée** une femme portant un voile (Kopftuch) – 20 **lorsque** quand – 20 **rejoindre** retrouver, retourner à – 22 **bousculer qc** gegen etw treten – 23 **un gars** *fam* un garçon – 24 **manifester** *ici* : montrer – 24 **la mauvaise humeur** schlechte Laune – 27 **un ennui** une difficulté, un problème – 28 **étonné** surpris – 29 **râler** se plaindre – 29 **rapprocher qc** mettre qc plus près de qc/qn

Le garçon, qui se tient debout dans l'allée près de moi, se remet à parler. Il me parle, et mon regard lui indique que je n'y comprends rien. Il s'est exprimé en arabe. Je me sens découvert, je suis sûr que j'ai rougi.

5   – Ah, t'es français, reprend-il avec l'air de s'excuser de son erreur. Tu t'appelles comment ? Moi, c'est Mourad.

Mourad me tend la main. Moi, c'est Félicien. Français, très français, non ? Souvent mes amis préfèrent m'appeler Félix.

– Ça t'embête si je me pose un peu sur ton accoudoir ? Je
10 n'ai pas de place assise, je vais devoir dormir par terre quelque part.

Je me tasse avec bonne grâce pour laisser un peu d'espace à Mourad. J'hésite à sortir tout de suite le roman policier que j'ai acheté à la gare tout à l'heure, histoire de couper court à toute
15 conversation, mais je décide de me montrer poli, au moins au début. On a le temps, la nuit sera longue.

– Où tu vas ? À Alger ? Et après ?

J'explique à Mourad que je vais à Alger, point barre. Tout de suite, ça lui paraît un peu étrange : peu de touristes visitent
20 Alger en ce moment, c'est la saison chaude, et de toute façon je n'ai l'air ni d'un touriste, ni d'un homme d'affaires. Mourad insiste :

– Tu vas rester longtemps ?

– Presque trois semaines.

25   Trois semaines seul à Alger, pour quelqu'un qui n'est pas en visite dans sa famille, voilà qui n'est pas commun. Mourad a du mal à comprendre. Je vois à son regard qu'il ne me croit pas, ou qu'il me soupçonne de je ne sais quel trafic. Je devine, à ce moment précis, qu'il va me falloir inventer une histoire
30 pour justifier mon voyage. Mourad est sûrement sympa, mais il est curieux, et il n'y a aucune raison pour qu'il soit le seul. Je réfléchis à toute vitesse : c'est drôle, de ne pas y avoir songé avant. Pourquoi un garçon comme moi irait-il passer trois semaines en Algérie sans y connaître personne ? Vite, il me faut
35 une raison plausible, qui en même temps ne m'éloigne pas complètement de la vérité.

3 **s'exprimer** parler – 4 **rougir** devenir rouge – 6 **une erreur** Irrtum – 7 **tendre** *ici :* donner – 9 **embêter qn** *fam* ennuyer qn – 9 **un accoudoir** la partie du fauteuil où l'on peut mettre son bras – 12 **se tasser** se faire petit – 13 **un roman policier** Krimi – 14 **couper court à qc** terminer rapidement qc – 15 **poli** qui a une bonne éducation (höflich) – 18 **point barre** point final, c'est tout – 19 **étrange** bizarre – 21 **un homme d'affaires** Geschäftsmann – 26 **commun** banal – 27 **un regard** → regarder – 28 **soupçonner qn de qc** jdn verdächtigen – 31 **curieux** quand une personne veut tout savoir et pose beaucoup de questions – 32 **songer à qc/qn** penser à qc/qn – 35 **plausible** que l'on peut croire

Les mots me viennent sans effort, je trouve tout naturellement le ton sur lequel raconter mon bon gros mensonge, j'en suis le premier étonné. Je dois me rendre à Alger pour tenter d'y retrouver une ancienne amie de ma mère.

5 Les deux femmes se sont perdues de vue depuis longtemps, mais ma mère va très mal, elle risque de mourir d'ici quelques semaines, quelques mois tout au plus (pardonne-moi, maman, j'espère que tu termines tes vacances en pleine forme), et elle veut absolument revoir cette amie algéroise avec qui elle a

10 été autrefois très liée. Hum, pas mal. Arrivé à ce point de mon récit, je décide qu'il vaut mieux ne pas en rajouter, cela fera plus vrai. Le rouge au front, j'essaie de prendre l'air peiné du garçon qui risque de perdre prochainement sa mère. Mourad en fait autant, faute de savoir quoi répondre.

15 Après quelques minutes de silence, le voici qui revient à la charge. Décidément, il est têtu, Mourad. Est-ce qu'ils sont tous comme ça, à Alger ?

– Elle habite où ?

– Qui ? Mourad me fixe avec suspicion.

20 – Ben, l'amie de ta mère, tiens !

Zut, c'est vrai, j'avais oublié. Je n'ai aucune idée de l'adresse de Samira aujourd'hui. D'ailleurs, celle qu'elle a fournie il y a dix-huit ans était-elle vraie ? Pourquoi a-t-elle déclaré habiter dans un hôpital ? Est-ce une fausse piste ? À moins qu'elle n'ait

25 été malade ? Voilà trois mois que je tourne ces questions sans avoir le moindre début de réponse. Quant à savoir où se trouve Samira aujourd'hui, c'est exactement ce que j'ai l'intention de découvrir au cours de mon séjour.

Pour le moment, je me contente de noyer le poisson.

30 J'explique à Mourad que, justement, cette femme, l'amie de ma mère, on n'en a plus de nouvelles depuis quelques années. C'est pour ça que ma mère m'envoie là-bas, de l'autre côté de

---

1 **sans effort** sans problème, facilement – 3 **un mensonge** ≠ la vérité (Wahrheit) – 4 **tenter de faire qc** essayer de faire qc – 4 **ancien** vieux – 5 **se perdre de vue** ne plus se voir – 7 **pardonner qc à qn** → pardon (jdm etw verzeihen) – 8 **terminer qc** finir qc – 9 **absolument** vraiment – 9 **algérois** d'Alger – 10 **être lié avec qn** être ami avec qn – 11 **il vaut mieux** c'est mieux – 12 **un front** Stirn – 12 **peiné** triste – 13 **prochainement** bientôt – 14 **en faire autant** faire la même chose – 15 **revenir à la charge** *ici :* recommencer à poser des questions – 16 **décidément** also wirklich – 16 **têtu** qui ne change pas d'avis – 19 **la suspicion** Verdacht – 22 **fournir** donner – 23 **déclarer qc** dire qc – 24 **une piste** Spur – 26 **le moindre** *ici :* le plus petit – 28 **au cours de** pendant – 29 **noyer le poisson** créer la confusion pour ne pas répondre à une question

la mer : comme chargé de mission. Je dois mener l'enquête et la retrouver.

Mes explications plutôt bancales devraient éveiller la méfiance de n'importe qui, mais Mourad est visiblement un
5 gentil garçon tout prêt à aider. Il gobe la fable que je viens de lui servir sans rien dire. C'est énorme, mais ça marche. Je le vois secouer la tête d'un air chagriné.

– Tu sais, tellement de gens ont disparu, pendant les événements... Enfin, j'espère que tu vas la retrouver. Si je peux,
10 je te donnerai un coup de main, je connais la ville.

Je ne serai à Alger que demain, mais je me suis déjà fait un copain.

---

1 **un chargé de mission** une personne ayant une mission – 1 **mener l'enquête** untersuchen – 3 **bancal** nicht stichhaltig – 3 **éveiller** + endormir – 4 **la méfiance** la suspicion – 4 **n'importe qui** tout le monde – 4 **visiblement** offensichtlich – 5 **gober** *fam* croire – 6 **servir** *ici :* raconter – 7 **secouer** bouger – 7 **chagriné** triste – 8 **tellement de** tant de, beaucoup de – 9 **un événement** [evɛnmã] Ereignis (ici, Mourad parle des attentats terroristes qui ont touché l'Algérie dans les années 90) – 10 **donner un coup de main à qn** aider qn

4 AOÛT

En fin de matinée, les terrasses des cafés se remplissent brusquement, comme si les gens prenaient le temps de savourer un petit moment de pause avant la grosse chaleur. Je suis assis depuis quelques minutes devant une tasse de 5 café noir et mes oreilles bourdonnent des conversations qui m'entourent. Je me laisse bercer – comme le mot paraît mal choisi ! Comment se laisse-t-on bercer par des sons aussi rauques ? – par les éclats de voix et les éclats de rire. Je trouve les gens ici délicieusement bruyants. Rien à voir avec le bruit 10 feutré d'une terrasse parisienne. Dans les cafés de la rue Didouche-Mourad, on crie à pleins poumons avec une joyeuse énergie.

Aujourd'hui c'est dimanche. Je croyais trouver tous les magasins fermés, et je découvre qu'au contraire ici nous 15 sommes en pleine semaine, c'est le vendredi qui est férié. Le jour saint. Il fait une chaleur sèche qui contraste fortement avec l'omniprésence de la mer. La Méditerranée se laisse voir partout : sur les quais, bien sûr, mais aussi au détour des ruelles ou dès qu'on prend un peu d'altitude en montant le 20 long d'un des innombrables escaliers. Ça grouille d'une vie formidablement réjouie. À y bien regarder pourtant, il manque quelque chose : les femmes. On en voit passer rapidement dans la rue, c'est tout. On ne peut pas dire qu'elles traînent dehors. Je sens que ça ne va pas me simplifier la tâche.

25 Je suis content d'avoir rencontré Mourad. Bien sûr, je m'en veux un peu de toutes les balivernes que j'ai inventées à son intention. Enfin, le mal est fait, inutile de revenir là-dessus. Sur le bateau, nous avons vraiment fait connaissance. Il habite le Neuf-Trois, comme il dit, depuis qu'il est petit. Mais il n'en

---

3 **savourer qc** etw genießen – 5 **bourdonner** *ici :* entendre sans arrêt du bruit –
6 **entourer qn** *ici :* être tout autour de qn – 6 **bercer qn** *ici :* calmer qn – 8 **rauque**
pour la voix son venant de la gorge, ≠ clair – 8 **un éclat** *ici :* un son bref et violent –
9 **délicieusement** *litt* agréablement → délicieux – 10 **feutré** peu sonore ≠ bruyant –
10 **parisien** de Paris – 11 **crier à pleins poumons** crier très fort – 15 **férié** *pour un jour*
un jour où les gens ne travaillent pas – 16 **saint** heilig – 17 **une omniprésence** *litt*
quand qc ou qn est présent partout et tout le temps – 18 **au détour de** à l'endroit où
un chemin fait une courbe – 19 **l'altitude** la hauteur – 20 **innombrable** *litt* que l'on ne
peut pas compter – 21 **formidablement** très – 21 **réjoui** heureux – 23 **traîner** sich herumtreiben –
24 **simplifier qc** rendre qc plus simple – 24 **une tâche** le travail – 26 **une baliverne** une
parole souvent fausse, une bêtise – 28 **faire connaissance avec qn** apprendre à mieux
connaître qn – 29 **le Neuf-Trois** *arg* désigne le département du 93, Seine-Saint-Denis,
en banlieue parisienne

a pas honte, au contraire : j'ai même eu l'impression qu'il en
était plutôt fier. Il dit qu'on trouve de tout, là-bas, le meilleur et
le pire, qu'il suffit de savoir comment on veut vivre. Son frère
aîné a ouvert la voie en devenant technicien supérieur, c'est la
5 fierté de ses parents. Mourad, lui, aura plus de mal à se faire
une place, parce qu'il n'est pas doué pour les études. Enfin,
c'est lui qui le dit, moi je n'en sais rien. Il vient voir sa tante ici.
La sœur de son père.

Sa présence a drôlement simplifié mon arrivée. Jamais je
10 n'aurais cru qu'un ferry pût contenir tant de gens. Une heure
avant le débarquement, tout le monde a eu l'air de se retrouver
sur le pont. J'ai fait comme les autres, avec une certaine
émotion, parce que j'avais l'impression de toucher au but. Là,
droit devant nous, frontalement, se tenait Alger, telle que je
15 l'avais vue décrite dans un article de journal qui m'était tombé
autrefois entre les mains : toute blanche et serrée au creux de
ses collines. Immense aussi : Mourad dit que la ville compte
aujourd'hui trois millions d'habitants qui s'entassent comme
ils peuvent dans un espace devenu trop petit. Les manœuvres
20 d'approche ont pris un temps fou, tant la baie, qui pourtant
m'a paru gigantesque, était noire de bateaux en tout genre.
Quand on s'est enfin retrouvés à quai, la foule s'est précipitée
pour sortir. Je n'avais jamais vu une telle cohue. Pourtant, j'ai
déjà pris des ferries bien pleins pour aller en Angleterre, mais
25 ça n'a rien à voir. Là, on aurait dit que les gens en voiture
voulaient sortir tous en même temps, sans aucun ordre. Même
pour les passagers à pied, le débarquement aurait pu durer
des heures. Heureusement, tous mes papiers étaient en règle,
et je n'avais pas d'autre bagage que mon gros sac. J'ai juste
30 perdu un peu de temps en échangeant mes euros contre des
dinars. Mourad, lui, a fait la queue (ici, on dit qu'on fait la
"chaîne") pendant deux heures de plus, parce qu'il est "français

---

3 **le pire** *superlatif de* mauvais – 4 **l'aîné** *pour les frères et sœurs* le plus vieux – 4 **ouvrir**
la voie ouvrir le chemin, être le premier à faire qc – 4 **un technicien supérieur** un
technicien qui occupe le rang le plus haut de la hiérarchie – 5 **la fierté de qn** → fier
(Stolz) – 10 **pût** *subj imparfait de* pouvoir – 10 **contenir** *ici :* avoir – 12 **certain** *ici :*
réel, évident – 13 **toucher au but** arriver à son objectif – 14 **tel que** comme – 16 **serré**
collé – 16 **au creux de** entre – 17 **immense** grand, énorme – 18 **s'entasser** quand
des personnes se réunissent dans un endroit trop petit – 20 **une approche** *ici :* une
arrivée – 20 **prendre un temps fou** prendre beaucoup de temps – 20 **une baie** Bucht –
21 **être noir de** être plein de – 22 **se précipiter pour faire qc** aller très vite, rapidement
pour faire qc – 23 **une cohue** une foule bruyante et chaotique – 31 **un dinar** la monnaie
(Währung) algérienne – 31 **faire la queue** se mettre en rang et attendre son tour –
32 **une chaîne** Kette

d'origine algérienne" : ses trois valises ont été fouillées. Alors il m'a dessiné vite fait un petit croquis sur un bout de papier et m'a crié d'aller l'attendre dans un café, sur la place des Martyrs, c'est à deux pas des docks, on ne peut pas se tromper.
5 J'aurais pu profiter de ce temps mort pour me faire la malle et disparaître sans lui dire au revoir, mais je n'ai pas eu envie de lui faire ce coup-là.

Mourad est venu me rejoindre quand il en a eu terminé avec les tracasseries administratives. Je pensais le trouver furieux et
10 à bout de nerfs, mais pas du tout. Il s'est assis à côté de moi avec nonchalance et s'est mis à rire tout seul. J'ai compris pourquoi après, quand il m'a montré discrètement les billets de cent euros qu'il avait passés en fraude, sans les déclarer, au nez et à la barbe des agents des douanes. Pour sa tante, a-t-
15 il précisé, comme si c'était une excuse valable. Enfin, c'est pas mon histoire, j'ai juste été content de le voir de si bonne humeur. Alors j'ai sorti mon Nikon et j'ai fait mon premier portrait en Algérie : Mourad au soleil couchant, avec un demi-sourire rusé et un rire au coin des yeux. Immédiatement, il
20 s'est rembruni.

– Pourquoi tu fais ça ? T'es un keuf ou quoi ?

Mais je l'ai rassuré, en lui disant que j'aime faire des photos, c'est tout. Pour moi, c'est mieux que les jeux vidéo. Une vraie passion, que je tiens de mon grand-père. Félix Desjonquères
25 a passé toute sa vie dans des bureaux, et toutes ses heures de loisir son Nikon à la main. C'est lui qui m'a tout appris : le cadrage, l'exposition, le choix d'un objectif, les tirages sur papier. C'est à cause de la photographie, sans doute, que j'aime aussi la géographie, la météo et la chimie.
30 Mon explication a eu l'air de suffire, Mourad a changé de sujet.

– Où tu dors ?

---

1 **fouiller** chercher ce qui peut être caché – 2 **un croquis** un dessin, un plan – 4 **se tromper** sich irren – 5 **profiter de qc/qn** ausnutzen – 5 **se faire la malle** *fam* partir – 9 **une tracasserie** *ici :* une formalité – 10 **à bout de nerfs** énervé – 11 **la nonchalance** Gelassenheit – 13 **en fraude** illégalement – 13 **au nez et à la barbe de qn** sous les yeux de qn – 14 **un agent des douanes** une personne contrôlant les marchandises entrant et sortant dans un pays – 15 **préciser qc** indiquer, expliquer qc – 15 **valable** sérieux – 16 **de bonne humeur** ≠ de mauvaise humeur – 19 **rusé** schlau – 19 **au coin des yeux** Augenwinkel – 20 **se rembrunir** ≠ se réjouir, être content – 21 **un keuf** *verlan* un policier – 26 **un loisir** un passe-temps, un hobby – 27 **un cadrage** *pour la photo* la façon de cadrer, d'orienter son appareil – 27 **un tirage sur papier** *pour la photo* reproduire une photo à partir d'un négatif (Druckauflage) – 28 **sans doute** sûrement

J'ai répondu que je n'en savais rien encore, j'allais me chercher un hôtel. C'est là que Mourad a été génial. Il m'a conduit pas très loin de là, du côté de Bab-el-Oued, dans une petite pension tenue par un de ses cousins (à l'entendre, il doit avoir au moins soixante cousins ici). C'est un bâtiment étroit qui a dû connaître des jours meilleurs bien avant l'indépendance et qui mériterait un bon coup de peinture, mais le prix négocié par Mourad à mon intention m'a réconcilié avec le laisser-aller général ; j'ai été bien heureux d'y prendre une chambre. Mourad m'a quitté après ça, en me laissant les coordonnées de sa tante qui habite quelque part à l'autre bout de la ville. On s'est serré la main, j'ai dit merci, j'ai juré de le tenir au courant de mes recherches et il est parti prendre son autobus. Moi, je me suis écroulé sur mon lit jusqu'à ce matin cinq heures trente. Je connais l'heure avec précision, parce que j'ai regardé ma montre en entendant l'appel du muezzin qui venait d'une mosquée toute proche. En fait, il paraît qu'il n'y a plus de vrai muezzin, seulement des haut-parleurs et des cassettes enregistrées, mais ça m'a paru tellement exotique que je n'ai pas pu me rendormir. J'ai seulement attendu que le jour se lève complètement pour commencer à arpenter la ville.

J'aime bien me repérer, quand j'arrive quelque part. Alors j'ai voulu acheter un plan d'Alger, mais je n'ai rien trouvé. L'un des vendeurs à qui je me suis adressé m'a éclairé : la ville change si vite, elle grandit à un tel rythme que tous les cartographes ont renoncé. Je sais bien que l'explication est ailleurs, mais le type était tellement content de sa blague que nous avons ri ensemble.

J'ai le sens de l'orientation, je tiens ça de mon père, enfin si on peut dire. De toute manière, quand on arrive dans un lieu inconnu, il n'y a pas mille façons de s'y prendre ; il faut d'emblée établir un ou deux repères et, si on n'a pas de plan, il suffit de prendre du recul. Je suis d'abord retourné vers le port,

---

6 **étroit** ≠ large – 7 **mériter** ici : avoir besoin – 8 **négocier** ici : discuter – 8 **réconcilier** versöhnen – 9 **le laisser-aller** le la nonchalance – 11 **les coordonnées** fam le nom, l'adresse, le numéro de téléphone… – 12 **jurer à qn de faire qc** promettre à qn de faire qc – 13 **tenir qn au courant de qn** informer qn de qc – 14 **s'écrouler** se laisser tomber lourdement – 18 **un haut-parleur** Lautsprecher – 21 **complètement** totalement, entièrement – 21 **arpenter** marcher à grands pas, ici : découvrir – 22 **se repérer** se situer dans l'espace (sich zurechtfinden) – 24 **un vendeur** personne qui vend des marchandises – 24 **s'adresser à qn** parler à qn – 27 **une blague** Witz – 29 **un sens de l'orientation** Orientierungssinn – 31 **un lieu inconnu** un endroit que l'on ne connaît pas – 32 **d'emblée** du premier coup – 32 **établir** ici : fixer – 32 **un repère** un élément connu aidant à retrouver un lieu – 33 **prendre du recul** prendre de la distance

en passant par la place des Martyrs, puisque je connaissais cet itinéraire. On s'agitait déjà sur les quais, plusieurs bateaux se préparaient à appareiller, ça criait un peu partout. J'ai mis cinq bonnes minutes à traverser le boulevard : je n'avais jamais
5 vu des voitures passer à une telle vitesse en pleine ville. J'ai sorti mon Nikon et j'ai commencé à faire quelques clichés. La mer avait pris une teinte rose et ocre, à cause du soleil levant, et je me suis dit que c'était magnifique la mer, même vue de l'autre côté. Ici, la mer est au nord, ça m'a un peu déstabilisé.
10 Curieusement, ça m'a rappelé une scène dans le métro quand j'étais tout petit, quatre ou cinq ans peut-être ; j'attendais la rame en tenant la main de ma mère, mais les trains tardaient à arriver dans les deux sens, et la station se remplissait rapidement de voyageurs. Et je me souviens d'avoir pensé :
15 c'est drôle, on est toujours du même côté pour prendre le métro, d'où viennent les gens qui sont sur le quai d'en face ? Parce qu'évidemment je me fiais aux apparences et je n'avais pas compris le fonctionnement d'une station ordinaire. Eh bien ce matin, c'était pareil, j'ai regardé la mer Méditerranée et
20 j'ai été tout surpris de la trouver plein nord ; je sais, c'est idiot, mais cette pensée m'occupait tout l'esprit, comme si j'avais regardé la carte à l'envers.

J'ai cherché des yeux le ferry qui m'avait amené hier mais il était sûrement déjà reparti, et je me suis senti tout à coup
25 terriblement seul, et terriblement perdu. Où avais-je trouvé l'audace de traverser la mer ? J'ai respiré lentement, à fond, pour calmer mon malaise.

Je suis allé me poster dans une tache de soleil, un soleil à peine levé, encore bien pâle mais déjà délicieusement chaud,
30 j'ai écouté le bruit du port dans mon dos et j'ai levé la tête vers les collines qui entourent la baie. J'ai suivi du regard, jusqu'au ciel, l'incroyable bric-à-brac de maisons enchevêtrées et d'antennes emmêlées. Et j'ai pensé soudain que face à moi commençait, juste derrière les collines, un continent immense

1 **puisque** comme, parce que – 2 **un itinéraire** un chemin – 3 **appareiller** *pour un navire* partir – 7 **une teinte** une couleur – 7 **ocre** d'une couleur brun jaune ou brun rouge – 10 **rappeler qc à qn** faire penser qc à qn – 12 **une rame** *ici :* ensemble de wagons formant le métro – 12 **tarder à** mettre longtemps à – 14 **un voyageur** une personne qui voyage – 17 **se fier à** faire confiance à – 18 **ordinaire** normal, banal – 21 **l'esprit** *ici :* les pensées ≠ le corps – 22 **à l'envers** pas dans la bonne direction – 25 **terriblement** très, extrêmement – 25 **trouver l'audace de faire qc** trouver le courage de faire qc – 27 **un malaise** *ici :* une sensation pas agréable, quand on est inquiet – 28 **se poster** prendre place, se placer – 28 **une tache** Fleck – 32 **le ciel** ≠ la terre – 32 **un bric-à-brac** un bazar, un endroit qui n'est pas rangé – 32 **enchevêtré** *ici :* mêlé les uns aux autres – 33 **soudain** tout à coup

qui s'étendait sur des milliers de kilomètres, l'Afrique, où je venais de mettre les pieds. Et dans cette tache de soleil d'Alger, à sept heures ce matin, j'ai ressenti, pour la première fois depuis trois mois, une sorte d'allégresse qui m'a soulevé tout
5 entier et qui m'a donné envie de vivre, et de rire, et de trouver Samira.

---

1 **s'étendre** sich erstrecken – 1 **un millier** → mille – 4 **soulever qn** *pour un sentiment* transporter qn (jdn mitreißen) – 4 **tout entier** ganz

5 AOÛT

C'est aujourd'hui qu'officiellement a commencé mon enquête.
J'ai consacré la journée d'hier à prendre la mesure de cette
ville. Je pense avoir marché une bonne dizaine de kilomètres et
grimpé quelques centaines de marches.

5   Je crois que je suis tombé amoureux. C'est un coup de foudre
total pour cette cité un peu vieillissante mais qui a gardé ses
grands airs, une sorte de dame digne et fatiguée qui cache les
marques du temps avec un rien de mépris. Je ne suis pas un
touriste comme les autres, je suis un visiteur boulimique. Je

10 sens des racines qui me poussent au bout des orteils, je suis
déjà attaché à ces maisons blanches et à ces lignes de guingois.
La mer est là, tout près, et c'est d'en haut qu'on la voit le
mieux. Alors je suis monté, en fin d'après-midi hier, jusqu'à la
basilique d'Alger, Notre-Dame-d'Afrique.

15 C'est peut-être là-haut que je suis tombé amoureux.
C'est là-haut, en tout cas, que j'ai succombé au charme. La
basilique a été construite au XIXe siècle sur un gros terre-
plein qui domine Alger et la mer. Quand je suis arrivé, je me
suis contenté de regarder l'édifice en lui-même ; je ne voulais

20 pas tout de suite me tourner vers la ville. Je suis entré. Il y
avait cinq ou six personnes à l'intérieur, dont deux au moins
priaient silencieusement. Un homme était assis sur un
banc d'église, peut-être priait-il lui aussi, je n'en sais rien. Le
silence avait la même qualité ouatée que dans les bâtiments

25 religieux d'Europe occidentale, et contrastait violemment avec
la rumeur constante qui m'avait accompagné depuis mon
arrivée. J'ai regardé tout autour de moi en faisant lentement
le tour de la nef. C'est curieux de trouver une représentation
du Christ et, au-dessus, les volutes élégantes d'une phrase

30 écrite en arabe. Derrière le chœur, au-dessus de l'autel, on
trouve aussi ces mots inscrits en français sur le mur : "Notre-
Dame d'Afrique, priez pour nous et pour les musulmans." Je

---

6 **vieillissant** qui devient vieux – 7 **digne** fier – 8 **le mépris** Verachtung – 9 **boulimique**
→ la boulimie – 10 **une racine** Wurzel – 10 **pousser** *ici :* grandir – 10 **un orteil** les cinq
doigts du pied – 10 **être attaché à qc/qn** tenir à qc/qn et avoir peur de perdre cette
chose/cette personne – 16 **succomber au charme de qc/qn** ne pas pouvoir résister au
charme de qc/qn – 17 **un terre-plein** une terrasse, un terrain en hauteur – 19 **un édifice**
une œuvre d'architecture monumentale, *ici :* la basilique – 22 **prier** s'adresser à Dieu
ou à un saint pour lui demander qc ou pour le remercier – 24 **ouaté** gedämpft – 24 **un**
bâtiment un édifice – 25 **occidental** → l'ouest *m* – 25 **violemment** avec violence –
28 **une nef** la partie au centre d'une église – 28 **une représentation** Darstellung –
29 **une volute** en forme de spirale – 30 **un autel** la table pour les cultes religieux
(Altar) – 31 **inscrit** *ici :* écrit

ne sais pas pourquoi cette phrase m'a paru belle. Moi, je n'ai pas été éduqué dans une religion quelconque. Mes parents ne croient en rien, et du coup moi non plus. Mais tandis que je savourais le calme pieux de l'intérieur de la basilique d'Alger,
5 je découvrais de nouvelles questions : Si Samira m'avait gardé pour elle, si elle ne m'avait pas laissé pour qu'on m'adopte, est-ce que j'aurais été musulman ? Cette idée m'a troublé. Une de plus.

Quand je suis ressorti à l'air libre, j'ai été à la fois ébloui par
10 la luminosité et saisi par une chaleur de four.

Il règne ici, l'après-midi, une atmosphère de fournaise. Depuis le terre-plein de la basilique, on découvre une bonne partie de la ville. J'ai repéré, en contrebas, un espace verdoyant et, quand mes yeux ont été habitués à l'éclat qui les aveuglait,
15 j'ai compris qu'il s'agissait d'un cimetière. J'ai emprunté une rue en pente dans cette direction, et je me suis effectivement retrouvé devant le mur d'un cimetière assez grand, et qui ressemblait beaucoup à ceux que je connais en France. Dans l'ombre du mur, il y avait un vieil homme assis par terre qui a
20 tendu le bras vers moi :

– Vas-y si tu veux, tu peux entrer, c'est le vieux cimetière Saint-Eugène.

J'ai vu, un peu plus loin, un portail ouvert. J'ai pénétré sous les arbres de ce lieu frais et tranquille et j'ai commencé à me
25 promener entre les tombes. L'endroit était désert. J'ai regardé les pierres dont les noms s'effacent et j'ai compris que j'étais dans une nécropole chrétienne, sans doute dépendante de Notre-Dame-d'Afrique, et dont les tombes semblaient toutes dater d'avant l'indépendance. J'ai pensé à tous les gens qui
30 reposent ici depuis des décennies à l'ombre des cyprès, doucement rafraîchis par le vent de la mer. Au détour d'une allée, j'ai vu une femme habillée à l'occidentale en train de

---

1 **paru** *participe passé de* paraître – 2 **éduquer qn** jdn erziehen – 2 **quelconque** *ici :* aucune – 3 **du coup** donc, ainsi – 4 **pieux** fromm – 9 **éblouir** blenden – 10 **la luminosité** l'éclat *m*, ce qui est lumineux – 10 **être saisi par qc** être pris par qc ; *ici :* ressentir qc – 10 **une chaleur de four** quand il fait extrêmement chaud – 11 **régner** *ici :* faire – 11 **une atmosphère de fournaise** une grande chaleur – 13 **un espace verdoyant** un endroit où il y a des arbres, de l'herbe verte – 14 **aveugler** *ici :* éblouir de sorte qu'on ne voit plus rien – 15 **un cimetière** l'endroit où sont enterrés les morts – 15 **emprunter** *ici :* prendre – 16 **en pente** qui descend – 20 **tendre le bras vers qn** *ici :* indiquer une direction – 23 **un portail** une grande porte ouvrant sur une entrée principale – 23 **pénétrer** entrer – 25 **une tombe** Grab – 25 **désert** vide – 26 **s'effacer** *ici :* disparaître – 27 **une nécropole** un cimetière – 27 **chrétien** → Christ – 27 **dépendant** *ici :* faisant partie de – 29 **dater** → une date – 30 **reposer** *ici : pour un mort* être enterré – 30 **une décennie** une période de dix ans – 31 **rafraîchi** rendu plus frais

nettoyer l'une des tombes. Elle avait posé un bouquet à ses pieds et débarrassait la pierre de sa poussière à l'aide d'une balayette. Comme je ne voulais pas avoir l'air de la déranger, j'ai obliqué sur la droite, puis j'ai tourné encore une fois. Sur
5 le sentier devant moi se tenait la même femme, qui avait dû entre-temps terminer sa tâche. Elle avait bien cinquante ans et portait une robe de coton blanc qui lui couvrait le haut des bras. Comme j'aurais eu l'air franchement mal élevé en faisant demi-tour, j'ai marché à sa rencontre, et en m'approchant j'ai
10 vu qu'elle tenait sa balayette d'une main et un mouchoir de l'autre. Pour éponger sa sueur, peut-être, ou même ses larmes ? Elle m'a fait signe :

– Bonjour !

Aucun accent. On s'est retrouvés face à face dans le chemin.
15 Tu es français ? J'ai hoché la tête.

Tu es venu voir quelqu'un ici ?

Et elle a fait un large geste de la main, en montrant les tombes à nos pieds.

– Non, non, ai-je répondu d'un air un peu gêné, je me
20 promène, c'est tout. Il fait plus frais, sous les arbres. Elle a fait "Ah !" avant d'ajouter :

– Moi, je viens de Paris. Je suis venue voir ma mère. Ça faisait quinze ans. C'est long, quinze ans.

Je n'ai rien dit, parce que je ne savais pas quoi répondre.
25 J'ai fait un petit signe et j'ai continué ma promenade. Cette femme me ressemblait, finalement : elle aussi avait traversé la Méditerranée pour retrouver sa mère. Mais malgré les apparences, elle avait un avantage sur moi : elle savait d'avance où aller.
30 Alors ce matin, au réveil, j'ai solennellement ouvert mon enquête. Allongé sur mon lit, j'ai pris le temps de réfléchir. J'étais à Alger depuis deux jours, il m'en restait dix-sept pour mettre la main sur Samira. Restait à savoir comment.

---

1 **un bouquet** *ici* : une composition de fleurs – 2 **débarrasser qc/qn de qc/qn** *ici* : faire disparaître, enlever qc – 2 **la poussière** Staub – 2 **à l'aide de** grâce à – 3 **une balayette** Handbesen – 3 **déranger** troubler qn dans une activité – 4 **obliquer** changer de direction – 5 **un sentier** un chemin – 5 **se tenir** *ici* : être à un endroit – 6 **entre-temps** inzwischen – 6 **une tâche** un travail – 8 **franchement** vraiment – 8 **mal élevé** schlecht erzogen – 9 **s'approcher de qn/qc** ǂ s'éloigner de qn/qc – 10 **un mouchoir** Taschentuch – 11 **éponger qc** absorber un liquide avec une éponge, un chiffon (abwischen) – 11 **une larme** un liquide qui coule des yeux quand on pleure – 15 °**hocher la tête** faire « oui » ou « non » de la tête – 17 **large** grand – 19 **gêné** confus, troublé, timide – 25 **une promenade** → se promener – 28 **d'avance** déjà – 30 **le réveil** → se réveiller – 30 **solennellement** avec cérémonie – 33 **mettre la main sur qc/qn** trouver qn/qc

On a beau aimer les romans policiers, on ne s'improvise pas détective. J'ai commencé par raisonner scientifiquement. Ce n'est pas pour rien que j'ai préparé un bac S, même si je l'ai raté. Je me suis lancé dans des calculs compliqués : trois millions d'Algérois, et dix fois plus d'Algériens, ça fait du monde. Oui, mais un sur deux seulement est une femme. Et avec un bon quart de la population qui a moins de vingt-cinq ans, ça élimine un certain nombre de possibilités. Mes élucubrations savantes m'ont conduit, en fin de compte, à une évidence : chercher Samira au hasard n'aurait aucun sens, autant essayer de localiser une aiguille dans une botte de foin, comme dit mon grand-père qui a toujours aimé les proverbes (pas le grand-père qui m'a donné le Nikon, l'autre).

Alors j'ai voulu mettre au point ma méthode d'investigation. Dès hier, j'avais repéré l'hôpital Mustapha, il faudrait bien sûr commencer par là. Et si tout était terriblement simple ? Et s'il suffisait de découvrir le numéro de téléphone de Samira Maziane dans l'annuaire ? J'ai descendu l'escalier quatre à quatre pour trouver Ahmed, le vieux gardien de nuit de l'hôtel. Il a fouillé sans hâte sous le bureau de la réception et en a tiré un vieil annuaire qu'il m'a tendu sans état d'âme. Et moi, comme un imbécile, j'ai dit "Saha", "Merci", comme Mourad me l'a enseigné. Je suis allé m'asseoir au bas de l'escalier et j'ai ouvert l'annuaire.

Mes doigts se sont mis à trembler et m'a vue s'est brouillée, tellement brouillée que je n'ai pas compris tout de suite pourquoi je ne parvenais pas à lire. Les lignes minuscules dansaient affreusement. Tout était écrit en arabe, évidemment. Ici, je ne sais pas lire. C'est très troublant, cette impression d'être un illettré. Un peu paniquant, aussi. J'ai refermé l'annuaire rageusement et je l'ai tendu à Ahmed en lui demandant de chercher pour moi. Il a bougonné, je n'ai rien compris, mais ça ne paraissait pas très aimable. J'ai retenu un

---

2 **raisonner** penser, réfléchir – 2 **scientifiquement** → scientifique – 4 **un calcul** une opération mathématique – 8 **éliminer** faire disparaître – 9 **une élucubration** *péj* une théorie savante ayant peu de sens – 9 **savant** → savoir, qui sait beaucoup de choses – 10 **une évidence** → évident – 10 **au °hasard** n'importe où – 11 **localiser (chercher) une aiguille dans une botte de foin** *loc prov* chercher une chose impossible à trouver – 18 **une annuaire** un livre dans lequel on trouve les noms, adresses et numéros de téléphone des habitants d'une ville – 20 **fouiller** *fam* chercher – 23 **enseigner qc à qn** apprendre qc à qn – 25 **se brouiller** *pour la vue* devenir trouble, pas clair – 26 **tellement** *ici :* tant – 27 **minuscule** très petit – 28 **affreusement** terriblement, extrêmement – 30 **un illettré** une personne qui ne sait ni lire ni écrire – 31 **rageusement** avec colère – 32 **bougonner** parler bas pour montrer sa mauvaise humeur – 33 **aimable** gentil – 33 **retenir qc** empêcher qc, éviter qc

mouvement d'impatience pendant qu'il cherchait des lunettes, qu'il les chaussait avec lenteur et qu'il ouvrait le gros bouquin avec des doigts noueux.

Quel nom ?

5 Maziane.

Je l'ai regardé feuilleter l'annuaire à l'envers. Enfin, à l'envers pour moi, parce qu'en arabe c'est à l'endroit. Il a eu l'air de chercher longtemps. C'est raté, ai-je pensé, elle n'y est pas.

– Maziane, c'est le nom de famille ? a demandé Ahmed. Le
10 prénom, c'est comment ?

L'espoir m'a soulevé. Il y avait peut-être des quantités de Maziane à Alger.

– Samira. Et ma voix était tremblotante en disant ça.

– Y en a pas. *Macache oualou*. Rien de rien, a-t-il dit. Voilà,
15 c'est fait, l'idée était trop simple pour être bonne.

J'ai décidé de me rendre à Mustapha en milieu de matinée. En attendant, j'ai traîné un peu dans le quartier de la Pêcherie, du côté de la place des Martyrs, que je commence à bien connaître. Je me suis souvenu de ma promesse faite à Mourad :
20 je l'appellerai en fin de journée pour lui donner quelques nouvelles. À dix heures, j'ai pris un autobus complètement bondé pour me rendre à l'hôpital.

L'hôpital Mustapha est, m'a dit Ahmed, le plus grand du continent africain. Je ne suis pas certain que ce soit vrai,
25 mais c'est à coup sûr un immense centre hospitalier situé dans la partie basse de la ville, un peu au-dessus du port. De l'extérieur, ça ressemble en tous points à un hôpital de chez nous : des urgences fléchées dès l'entrée et une multitude de bâtiments juxtaposés à perte de vue. La différence avec la
30 Salpêtrière, c'est qu'ici on voit la mer.

Je me suis présenté à l'accueil. J'avais préparé mon discours pour ne pas être renvoyé tout de suite. On m'a immédiatement adressé à une sorte de supérieur hiérarchique qui a accepté de me recevoir sans attendre dans un petit bureau surchauffé
35 sans climatisation. J'ai vu un homme entre deux âges tout à

---

2 **chausser** *ici* : mettre – 2 **la lenteur** ≠ la vitesse – 2 **un bouquin** *fam* un livre –
3 **noueux** knotig – 6 **feuilleter** → une feuille – 7 **à l'endroit** ≠ à l'envers – 13 **tremblotant**
zitternd – 16 **se rendre à** aller à – 25 **à coup sûr** certainement, sûrement – 28 **les
urgences** Notfall – 28 **fléché** quand un chemin est indiqué, marqué par des flèches
(Pfeil) – 28 **une multitude de** beaucoup de – 29 **à perte de vue** aussi loin que l'on peut
voir – 31 **un discours** *ici* : ce qui va être dit – 32 **renvoyer qn** faire repartir qn, mettre
qn à la porte – 33 **adresser qn à qn** envoyer qn à qn – 33 **un supérieur hiérarchique** un
chef – 34 **surchauffé** qui est trop chaud

fait cordial et poli. Il m'a regardé en se lissant la moustache et m'a demandé aimablement en quoi il pouvait m'être utile. Quand je lui ai dit que j'avais besoin, pour des raisons personnelles, d'accéder aux archives de l'établissement, il a

5   haussé un sourcil, un seul, et m'a demandé si j'étais médecin. Bien entendu, il savait que c'était impossible : je suis beaucoup trop jeune pour ça.

    – Je recherche quelqu'un qui a pu être hospitalisé autrefois ici.

10   – Je vois, a simplement dit le monsieur devant moi.

    Et puis il est resté silencieux suffisamment longtemps pour me faire croire qu'il réfléchissait.

    De quelle époque parlons-nous ? a-t-il fini par lâcher.

    Il y a un peu plus de dix-huit ans.

15   Je vois, a-t-il répété.

    Qu'est-ce que j'avais cru ? Qu'il allait se tourner vers une série de dossiers et me sortir l'adresse de Samira à la manière d'un magicien ? Bien sûr que non. Mais son mutisme m'agaçait.

    – Vous pouvez essayer de prendre rendez-vous au service des

20   archives. Évidemment, comme vous n'êtes pas médecin, on ne vous communiquera pas le dossier.

    – Mais est-ce qu'on peut me dire au moins si cette personne a été hospitalisée ici ?

    Le monsieur m'a regardé bien en face en continuant à se

25   lisser la moustache.

    – Je crois que vous devriez me raconter toute l'histoire si vous voulez que je vous aide.

    Le plus incroyable, c'est qu'il m'a immédiatement convaincu. Je lui ai tout raconté, tout de suite. Ce que je n'avais pas osé

30   avouer à mes parents ou ma sœur, ni à Guillaume, mon meilleur ami au lycée, ni à Camille, mon ex-petite amie que j'ai larguée sans ménagement au milieu du mois de mai, ce secret que je gardais jalousement en moi depuis le printemps, je l'ai déballé sans effort devant cet inconnu. Je dois avouer que non

---

1 **une moustache** Schnurrbart – 2 **aimablement** gentiment – 4 **un établissement** ici : l'hôpital Mustapha – 5 °**hausser** lever – 5 **un sourcil** la partie au-dessus de l'œil (Augenbraue) – 8 **hospitaliser qn** faire entrer un malade/un patient à l'hôpital pour le soigner – 11 **silencieux** qui garde le silence, qui ne dit rien – 11 **suffisamment** *litt* assez – 13 **lâcher** *fig* dire enfin – 17 **à la manière** à la façon – 17 **un magicien** une personne qui fait de la magie – 18 **un mutisme** un silence, état d'une personne qui ne veut pas parler – 18 **agacer qn** énerver qn – 28 **incroyable** que l'on ne peut pas croire – 28 **convaincu** → convaincre – 32 **larguer qn** *fam* quitter qn – 32 **sans ménagement** sans douceur, sans précaution – 34 **déballer** *fam* raconter un secret – 34 **un inconnu** une personne que l'on ne connaît pas

seulement il m'a écouté sans m'interrompre, mais qu'en outre l'aveu m'a miraculeusement soulagé. Je voyais aussi à quel point j'avais eu tort d'inventer une histoire à dormir debout pour Mourad ; à présent cela me gênait.

5   – Vous savez, m'a dit le monsieur, je ne crois pas qu'une jeune femme aurait fourni l'adresse d'un hôpital si elle y avait été seulement hospitalisée. Bien sûr, je peux me tromper, je ne connais pas cette personne. Mais c'est une curieuse idée, non ? À moins que (et là, il a baissé la voix pour atténuer un peu
10   l'énormité de son propos), à moins qu'elle n'ait été mourante, par exemple. Mais, a repris le monsieur avec un sourire, si elle avait été mourante, elle n'aurait certainement pas mis au monde un garçon aussi solide que vous, n'est-ce pas ?

   Cela paraissait de bon sens, même si je n'avais encore jamais
15   regardé les choses sous cet angle. Une femme malade va-t-elle sans encombre au bout d'une grossesse ? Je n'en avais pas la moindre idée. De toute façon, cela ne m'avançait guère.

   – Mais alors, pourquoi cette adresse ? On en revenait toujours au point de départ.

20   – Vous est-il venu à l'esprit qu'elle pouvait se trouver à l'hôpital – et par conséquent donner cette adresse comme sienne – pour de toutes autres raisons que la maladie ?

   – Laquelle, par exemple ?

   – Eh bien, elle travaillait peut-être ici. Comme médecin...
25   ou comme femme de ménage. Si j'étais vous, je m'adresserais plutôt au bureau du personnel qu'au service des archives.

   Cela m'a paru une excellente idée. J'étais tout content, et cela a dû se voir sur ma figure. Le monsieur était décidément très serviable. Il m'a proposé de passer un coup de fil pour moi,
30   et j'ai fait oui de la tête avec un sourire ravi. Il a décroché son téléphone et dit quelques phrases en arabe, puis il s'est tourné vers moi.

   – J'ai prévenu la secrétaire. Vous pouvez y aller, elle vous recevra. Passez à l'accueil, on vous indiquera quel chemin
35   suivre.

---

1 **en outre** de plus – 2 **miraculeusement** comme par miracle – 2 **soulager qn de qc** libérer qn d'une douleur, d'un poids – 3 **avoir tort** ≠ avoir raison – 3 **une histoire à dormir debout** une histoire que l'on ne peut pas croire – 4 **à présent** maintenant – 4 **gêner** stören – 6 **fournir** *ici :* donner – 8 **curieux** *ici :* bizarre – 9 **baisser la voix** parler bas – 9 **atténuer qc** rendre qc moins important, moins grave – 10 **une énormité** → énorme – 10 **mourant** → qui est en train de mourir – 16 **sans encombre** sans difficulté – 16 **une grossesse** quand une femme attend un enfant – 17 **avancer** *ici :* aider – 17 **guère** peu – 20 **venir à l'esprit** penser – 21 **par conséquent** donc – 22 **le sien** *pron poss ici :* son adresse à elle – 25 **une femme de ménage** Putzfrau – 29 **serviable** hilfsbereit – 30 **décrocher** *ici :* prendre

Je me suis levé et je lui ai tendu la main en le remerciant. Il a fait un petit signe, l'air de dire : ce n'est rien, voyons.

J'espère que vous la retrouverez, monsieur... ?

Desjonquères. Félicien Desjonquères.

5 J'ai failli rire, parce que ça ressemblait à un dialogue dans un film de James Bond.

– Alors, je vous souhaite bonne chance, monsieur Desjonquères. *Inch'Allah.*

Dix minutes plus tard, après avoir traversé la moitié de
10 l'hôpital, je frappais à un autre bureau. Sur la porte on pouvait lire, en français : "Service du personnel" et, dessous, "Secrétariat". Une fois encore, j'ai senti mon rythme cardiaque s'accélérer. J'avais enfin l'impression d'avancer.

On m'a crié d'entrer. J'ai vu une femme à la chevelure
15 couverte d'un voile derrière un petit bureau entièrement dissimulé sous les papiers. Elle m'a à peine jeté un coup d'œil et m'a fait signe de m'asseoir. J'ai attendu plusieurs minutes qu'elle termine sa tâche. Elle a fini par lever le nez : elle avait été prévenue de ma visite, mais ne voyait pas comment elle
20 pourrait m'aider.

– Comment puis-je avoir accès aux registres du personnel ? lui ai-je demandé. Des registres assez anciens, en fait. Dix-huit ou dix-neuf ans, pour être précis.

– Dix-huit ans ?

25 Elle avait dit cela sans montrer de réelle surprise. Ma demande n'était peut-être pas si extravagante que cela, après tout.

La femme s'est levée et j'ai compris, à sa démarche, qu'elle ne devait pas avoir plus de trente ans, mais entre le voile et le
30 vêtement à manches longues qui lui recouvrait entièrement le corps, je n'avais pas pu m'en rendre compte.

Elle s'est dirigée vers la porte du bureau et l'a ouverte en grand. Si nous avions été dans un film américain, cela aurait signifié qu'elle me congédiait purement et simplement.

35 – Vous permettez ? a-t-elle demandé. Un petit courant d'air ne nous fera pas de mal.

Malgré moi, j'ai poussé un soupir de soulagement. Elle avait trop chaud et elle ouvrait la porte, c'est tout. Dans le couloir,

---

10 **frapper** donner un coup à la porte de qn avant d'entrer – 12 **cardiaque** → cœur (Herz) – 13 **s'accélérer** devenir plus rapide – 13 **avancer** *ici :* progresser, faire des progrès – 14 **une chevelure** les cheveux – 16 **jeter un coup d'œil à qn** regarder qn – 26 **extravagant** bizarre – 28 **la démarche** la façon de marcher de qn – 30 **une manche** Ärmel – 32 **se diriger vers** aller vers – 34 **congédier qn** faire partir qn, renvoyer qn – 35 **un courant d'air** Durchzug

j'entrevoyais une femme de ménage armée d'un seau et d'une serpillière qui lessivait le sol à grande eau. Elle aussi avait la chevelure couverte, mais c'était visiblement d'une sorte de turban destiné à la protéger de la poussière.

5 – Je résume, a repris la jeune femme. Vous cherchez à savoir si une personne du nom de Maziane Samira a fait partie du personnel de cet hôpital il y a dix-huit ans, c'est bien cela ?

J'ai hoché la tête en observant du coin de l'œil la femme de ménage qui, ayant suspendu son balai en l'air, ne perdait pas
10 une miette de la conversation.

– Eh bien, ça ne va pas être facile.

Il y a eu un blanc dans le dialogue, pendant lequel j'ai involontairement voûté mes épaules et arrondi mon dos : je n'allais pas retrouver Samira si vite que ça.

15 – Bien entendu, cette personne pourrait toujours travailler pour nous, et je vais le vérifier immédiatement, mais je n'y crois pas : je vois régulièrement passer les feuilles de paie du personnel, et le nom ne me dit rien. Cela dit, je peux me tromper.

20 Je l'ai observée pendant qu'elle sortait d'un tiroir un listing informatisé où figuraient visiblement des centaines de noms. L'hôpital Mustapha est sûrement le plus grand d'Afrique.

– Non, c'est bien ce que je pensais, a repris la secrétaire. Si cette femme a travaillé ici, elle n'y est plus. Il va falloir vous
25 adresser aux archives du personnel.

J'ai dit d'accord, oui, oui, et j'ai demandé comment faire.

– Je vais vous donner le numéro de téléphone, et vous prendrez un rendez-vous. Elle a noté quelques chiffres sur un bout de papier.

30 – Vous pensez que ce sera long ? Je veux dire : pour avoir le rendez-vous.

Oh, comptez… environ deux à trois semaines. J'ai gémi :

Trois semaines ! Mais c'est impossible.

Je n'ai pas précisé que, dans trois semaines, je serais prêt
35 pour ma rentrée des classes.

---

1 **entrevoir qn** voir qn à moitié, pas complètement – 1 **armé** ausgerüstet – 1 **un seau** Eimer – 1 **une serpillière** Putzlappen – 2 **lessiver** laver, nettoyer – 4 **destiné à** pour – 4 **protéger qn de qc** jdm vor etw schützen – 6 **faire partie de qc** etw gehören – 9 **suspendre qc en l'air** tenir qc à une certaine hauteur du sol – 9 **un balai** Besen – 9 **ne pas perdre une miette de qc** *fam* écouter avec attention – 12 **un blanc** *ici :* un silence – 13 **involontairement** sans le vouloir – 13 **voûter** beugen – 17 **régulièrement** regelmäßig – 17 **une feuille de paie** Gehaltsabrechnung – 21 **informatisé** mis sur ordinateur – 28 **noter** écrire – 28 **un chiffre** caractère représentant les nombres de 0 à 9 – 29 **un bout de qc** une petite partie de qc – 32 **gémir** *ici :* crier

– C'est la période des congés. Dites-moi, a-t-elle ajouté avec un peu de condescendance, vous n'avez pas de vacances au mois d'août, en France ?

Je me suis excusé, je l'ai remerciée, j'ai fourré le bout de
5 papier dans la poche de mon jean et je suis sorti sans refermer la porte derrière moi. Dans le couloir, tout était mouillé et ça glissait. J'ai marché d'un pas raide jusqu'au bout, et là j'ai vu des toilettes. J'y suis entré, sans réfléchir, et je me suis mouillé le visage avec le filet d'eau tiède qui coulait du robinet. Puis je
10 me suis appuyé contre le lavabo en porcelaine blanche parce que j'avais l'impression d'avoir la tête qui tournait. Mon voyage à Alger était une erreur. Je ne retrouverais jamais Samira. J'ai fermé les yeux en serrant mes paupières de toutes mes forces pour éviter de pleurer d'énervement et de déception.

15 Quand je les ai rouverts, la femme de ménage de tout à l'heure se tenait à l'entrée des toilettes et me regardait fixement. J'ai dit "Excusez-moi, je vous laisse travailler", ou quelque chose dans ce genre-là, mais elle m'a fait un petit signe pour m'inciter à rester où j'étais. Elle a coincé le balai contre le
20 chambranle, a posé son seau à terre et s'est approchée de moi.

– Tu cherches Samira ?

Il y avait une telle familiarité dans la façon dont cette femme s'était exprimée que j'ai eu envie de lui sauter au cou.

– Vous la connaissez ?

25 – Plus maintenant. Je t'ai entendu tout à l'heure. J'ai bien vu que c'était important pour toi. Mais ici, tu n'apprendras rien, parce que Samira, je l'ai connue avant, et elle est partie depuis longtemps.

Celle qui s'adressait à moi n'était plus toute jeune, c'est
30 peut-être pour ça qu'elle parlait si bien français : elle avait dû l'apprendre quand on l'enseignait encore partout. En tous cas, elle avait l'air de savoir ce qu'elle disait.

Vous avez connu Samira Maziane ? Quand ?

Oh, il y a… vingt ans, peut-être un peu moins.

35 Et elle est où ?

---

1 **les congés** les vacances – 2 **la condescendance** Herablassung – 6 **mouillé** ≠ sec –
7 **glisser** rutschig sein – 7 **raide** ≠ flexible – 9 **un filet de qc** une très petite quantité de
qc – 9 **tiède** ni chaud, ni froid – 9 **s'appuyer contre qc** sich an etw
stützen – 10 **un lavabo** Waschbecken – 13 **serrer** *ici* : garder fermé – 13 **les paupières**
Augenlider – 14 **l'énervement** *m* → énerver – 14 **une déception** Enttäuschung –
17 **fixement** avec un regard fixe, intense – 19 **inciter qn à faire qc** encourager qn à faire
qc – 20 **un chambranle** le cadre de la porte – 22 **la familiarité** → familier, l'intimité,
≠ la retenue, la timidité – 23 **sauter au cou de qn** um den Hals vom jdm fallen –
29 **s'adresser à qn** parler à qn

Partie, depuis longtemps. Je l'ai regardée d'un œil soupçonneux.

Comment vous vous en souvenez, alors ? Elle s'est mise à rire.

5   – J'étais jeune, et elle aussi. Et puis elle était gentille, on s'entendait bien. C'est pour ça que je m'en souviens.

Ça m'a fait chaud au cœur. J'avais enfin la preuve de l'existence de Samira. Samira n'était plus une idée abstraite, un nom sur un feuillet bleu, un fantôme du passé. C'était une

10 femme vivante, et la première chose que j'entendais dire sur elle, c'est qu'elle était gentille. Je me suis senti transporté de bonheur. J'ai tout de suite voulu en savoir davantage.

    – Elle était femme de m... Je veux dire, elle faisait le même métier que vous ? La femme au turban a ri de nouveau.

15   – Mais non, Samira, elle était infirmière. Chez les tout-petits. À la maternité de l'hôpital.

Je ne sais pas pourquoi, mais ce détail m'a fait flancher. Comment une infirmière de maternité peut-elle abandonner son propre nourrisson ? La question m'a fait froid dans le dos.

20 Je n'étais plus si sûr de vouloir connaître Samira.

Et elle est où, maintenant, Samira ?

Ah, ça... Elle ne m'a pas dit. Peut-être qu'elle est rentrée au bled ? On avançait.

    – C'était où, le bled ?

25 La femme m'a regardé comme si j'avais un problème d'arriération mentale.

    – Ben, en Kabylie, voyons ! Elle est kabyle, Samira ! Elle a dû rentrer à Tizi, ou dans son village, moi j'en sais rien. Elle m'a plus jamais donné de nouvelles. Pourquoi tu la cherches ?

30 J'aurais pu, ou dû, répondre : "Parce que je suis son fils, celui qu'elle a mis au monde et abandonné en France il y a dix-huit ans." Mais je n'ai pas réussi. J'ai juste repris l'histoire que j'avais inventée pour Mourad, et j'ai présenté Samira comme une amie de ma mère.

35   – Écoute-moi, voilà ce qui s'est passé : Samira, elle est partie vite d'ici. J'étais étonnée, moi, qu'elle quitte tout comme ça,

---

2 **soupçonneux** → soupçonner – 7 **une preuve** *ici :* un signe, un indice, un témoignage –
8 **abstrait** ≠ concret – 10 **vivant** qui vit – 16 **une maternité** Entbindungsstation –
19 **propre** qui appartient exclusivement à une personne – 19 **un nourrisson** un enfant
âgé de moins de 2 ans – 26 **une arriération mentale** zurückgeblieben sein – 27 **la
Kabylie** région montagneuse d'Algérie – 27 **kabyle** de Kabylie

parce que déjà à l'époque, c'était pas tellement facile d'avoir un travail. Surtout pour une femme, hein ? Un matin, elle m'a dit qu'elle repartait à Tizi. C'est tout, je l'ai jamais revue.

Puis elle a ajouté :

5   – Si tu la retrouves, dis-lui bonjour de ma part. De la part de Malika, à Mustapha. Elle saura qui c'est.

Une sorte d'abattement m'est tombé dessus, et je suis resté sans réaction. Malika a empoigné son balai et m'a crié en sortant :

10   – Allez, tu vas la retrouver. *Inch'Allah !*

---

7 **un abattement** quand l'on est déprimé, très fatigué

6 AOÛT

Il est dix-huit heures trente, et j'ai dû renoncer à prendre l'autobus parce que c'est l'heure de pointe. Les files d'attente aux arrêts m'ont découragé, et je préfère marcher, même si ça représente près d'une heure de trajet à pied.

5 Ce soir, je suis invité à dîner à Hussein Dey. C'est Mourad, bien sûr, qui m'a convié à passer la soirée avec lui, chez la sœur de son père. Je lui ai téléphoné hier soir. Je lui ai dit que mes recherches se compliquaient. Il m'a arrêté et a dit :

– On peut parler de ça devant un couscous. Je vais dire à ma
10 tante de le préparer. Tu verras, le sien est très bon.

J'ai commencé par refuser poliment : une invitation chez des inconnus, ça n'est pas dans mes habitudes. Mais Mourad a insisté : "Tu vas nous vexer", répétait-il, et j'ai bien senti qu'il disait vrai. Alors j'ai demandé l'adresse, quelque part
15 à Hussein Dey, et me voici en marche. J'ai acheté des fleurs dans un kiosque. Peut-être est-ce une erreur ? Une faute de savoir-vivre ? Qu'est-ce qu'on apporte, en France, quand on va dîner chez des gens qu'on connaît à peine ? J'ai pensé à mes parents, à l'éducation que j'ai reçue, et j'ai répondu : des fleurs
20 ou quelque chose à boire. Ici, l'alcool est exclu, évidemment. Restent les fleurs : j'ai réussi à trouver un bouquet qui me paraît pas trop mal (je ne sais pas ce qu'en penserait ma mère).

Avant de partir, j'ai croisé Ahmed à l'hôtel qui venait prendre son service de nuit.

25 – Ah, Félicien... (Ici, tout le monde a l'air de connaître mon prénom. On dirait que je fais déjà partie de la maison.) Tu restes encore ce soir ? Combien de nuits ? Tu as trouvé Samira ? Tu vas la trouver, *Inch'Allah* !

J'espère, comme eux tous, qu'Allah est de mon côté. En
30 attendant, je n'ai pas beaucoup avancé. Ce matin, je suis retourné à Mustapha, pour essayer d'avoir un rendez-vous plus rapide aux archives du personnel. Je suis tombé sur un type jeune avec une petite barbe. (Est-ce que c'est un islamiste ? Ou juste un barbu ? Je préfère ne pas trop m'interroger, parce

---

3 **décourager qn** faire perdre courage à qn – 6 **convier qn à faire qc** inviter qn à faire qc – 8 **une recherche** une enquête → chercher – 8 **se compliquer** devenir plus difficile – 9 **un couscous** une spécialité du Maghreb à base de semoule, de légumes et de viande (poulet, mouton, agneau ou bœuf) – 11 **poliment** de façon polie – 12 **une habitude** Gewohnheit – 13 **vexer qn** jdn beleidigen – 17 **le savoir-vivre** la connaissance des règles de politesse – 20 **exclu** *ici* : interdit – 34 **un barbu** *ici* : une personne qui porte une barbe

qu'en réalité je ne comprends pas grand-chose à ces histoires.)
En tous cas, il a été très aimable. Mais tout le monde est en
vacances, ou trop occupé pour s'occuper de mon affaire. Et
puis, m'a-t-il dit, on n'est pas obligé de régler tout ça de vive
5 voix : ils ont Internet, ici, et on m'a promis de répondre à un
e-mail.

Depuis ma rencontre avec Malika, j'ai par moments la
certitude de m'être totalement trompé en venant jusqu'ici. Je
me suis montré d'une naïveté incroyable. J'ai refusé d'imaginer
10 ce qui, de toute évidence, devait être une réalité banale. Dix-
huit ans, c'est long. Toute ma vie. Les gens bougent en dix-
huit ans, ils déménagent, ils changent d'emploi, ils divorcent
parfois et se remarient. Peut-être que Samira a fait tout ça.
Peut-être habite-t-elle maintenant dans un village du Sud, ou
15 bien elle a changé deux fois de nom (mais est-ce qu'en Algérie
les femmes prennent le nom de leur mari ? Est-ce qu'il leur
arrive de divorcer ?). Je constate que je sais si peu de choses !
Comment ai-je pu être d'une telle inconscience ? Ce voyage
aurait dû être préparé comme une attaque militaire, et j'ai
20 l'impression d'être constamment pris à revers.

Je marche depuis vingt minutes en suivant grossièrement la
courbe de la rade d'Alger. J'ai dépassé le vrai centre-ville et me
voici dans de grandes rues plus ou moins parallèles à la mer
avec le soleil dans mon dos. Hussein Dey, m'a expliqué Ahmed
25 (qui décidément joue un rôle de premier plan dans mes
déplacements), Hussein Dey est un quartier populaire ancien
dans la partie orientale de la ville, de l'autre côté d'une sorte de
grand parc qu'Ahmed a appelé le Jardin d'essai. Les trottoirs me
paraissent toujours aussi encombrés, les voitures pétaradent
30 en klaxonnant à tout va, les gens s'apostrophent – on dirait
que toute la ville se connaît. Je marche assez vite, parce que
je tiens à arriver avant la nuit dans cette partie d'Alger que
je ne connais pas encore. J'aime l'idée de l'anonymat : bien

---

4 **régler** *ici :* trouver une solution – 4 **de vive voix** en parlant directement à la
personne – 7 **avoir la certitude de** être sûr de – 10 **de toute évidence** avec certitude,
sûrement – 12 **divorcer** sich scheiden lassen – 13 **se remarier** wieder heiraten –
17 **constater** *ici :* remarquer, observer – 18 **tel** *ici :* pareil, semblable – 18 **l'inconscience**
f ici : un manque de réflexion, la naïveté – 20 **constamment** toujours – 20 **prendre à
revers** attaquer par derrière – 21 **grossièrement** *ici :* plus ou moins – 22 **une rade** un
bassin naturel ou artificiel où se trouvent les bateaux – 22 **dépasser qc/qn** laisser qc/
qn derrière soi – 26 **un déplacement** un trajet – 28 **un essai** → essayer – 29 **encombré**
ici : plein, rempli – 29 **pétarader** *pour les voitures* faire une série de bruits violents –
30 **klaxonner** [klaksɔne] → un klaxon – 30 **s'apostropher** *ici :* s'adresser la parole de
façon soudaine et forte

qu'ici je sois visiblement un étranger (et je suis certain que tous ceux qui me croisent le savent au premier regard), je n'attire pas vraiment l'attention. C'est vrai que mon uniforme jean et T-shirt est pour le moins passe-partout. Je me suis
5 quand même acheté ce matin, sur un marché en plein air, une chemise à manches courtes que je porte ouverte par-dessus le T-shirt. Non parce que j'ai froid, mais parce que la chemise me permet de cacher aux regards la petite sacoche qui contient mon appareil photo et que je porte en bandoulière. C'est sans
10 doute risqué, mais je ne perds pas une occasion de faire des clichés, et je ne veux pas laisser mon Nikon dans ma chambre d'hôtel. Et puis je n'ai pas peur. Curieusement, je me sens assez en sécurité ici, et je fais confiance à mon apparence physique : je suis solide, et les quatre semaines passées à travailler dans
15 les vergers de M. Pézas m'ont musclé encore davantage. Sans parler de ma taille : en France, je suis grand, ici je suis très grand. Je domine la plupart des gens qui m'entourent d'au moins une demi-tête. Autre sujet de question, d'ailleurs : comment, avec Samira pour mère biologique, puis-je avoir à
20 ce point grandi ?

Après m'être trompé deux fois dans des ruelles bordées de petits immeubles miteux et avoir contourné je ne sais combien de chantiers entourés de palissades, j'arrive à l'adresse que m'a indiquée Mourad. Je constate au passage que ceux que nous
25 appelons les "chiffres arabes" ont une graphie assez différente de celle des vrais. Du coup, j'ai du mal à repérer les numéros de la rue, et je m'agace de me sentir analphabète, une fois de plus ; quelques garçons d'une dizaine d'années qui jouent au ballon au bout de la rue se précipitent sur moi comme une
30 nuée de moineaux. Et quand je dis "Mourad, c'est où ?", ils rient en se cachant la bouche et tendent le bras vers l'une des maisons. Je suis arrivé.

C'est un bâtiment de quatre étages, un peu décrépi comme les autres, qui à vue de nez pourrait dater des années 1930.
35 Ou 1950. Sûrement pas récent, de toute manière. La peinture

---

1 **certain** sûr – 3 **attirer l'attention** fixer l'attention des autres sur soi – 4 **passe-partout** banal – 5 **en plein air** dehors, à l'extérieur – 8 **une sacoche** un petit sac – 9 **porter en bandoulière** etw umgehängt über die Schulter tragen – 15 **un verger** un terrain avec des arbres fruitiers – 15 **muscler** développer les muscles – 17 **la plupart** die meisten – 18 **d'ailleurs** übrigens – 21 **bordé de** → le bord – 22 **contourner** faire le tour de, passer autour de – 23 **entouré de** bordé de – 23 **une palissade** Zaun – 24 **au passage** à l'occasion, en passant – 25 **une graphie** la façon d'écrire – 30 **une nuée de** beaucoup de → un nuage – 30 **un moineau** Spatz – 33 **décrépi** vieux – 35 **récent** nouveau, moderne

s'écaille par endroits et les balustrades des balcons en façade sont visiblement fatiguées, mais la petite entrée et l'escalier carrelé que j'aperçois par la porte entrouverte paraissent assez propres. Bien que la plupart des carreaux qui couvrent le sol et les murs soient ébréchés, on voit qu'ils sont entretenus : quelqu'un doit s'occuper de les lessiver régulièrement. J'arrange un peu mon bouquet pour le rendre présentable et je grimpe jusqu'au troisième étage.

Sur le palier, une porte s'ouvre avant même que j'aie pu frapper ou chercher une sonnette. C'est Mourad, il a dû me voir arriver.

– Entre, je vais te présenter !

Je pénètre dans un appartement tout à fait classique. Par classique, j'entends qu'il ressemble étrangement à celui d'un immeuble parisien de l'entre-deux-guerres : une petite entrée, un salon pas très grand avec un balcon qui donne sur la rue, une cuisine ouverte sur la cour et un couloir pour, sans doute, desservir une ou plusieurs chambres. J'ai l'impression d'avoir fait un saut dans l'espace : ça ressemble à l'appartement de la grand-mère de mon ami Guillaume, rue de Ménilmontant, dans le 20ᵉ arrondissement. C'est presque aussi encombré, et la déco n'est pas si différente que ça, sauf qu'il n'y a pas les photos des petits-enfants posées sur tous les meubles.

Mourad appelle sa tante, Rachida, qui est affairée à la cuisine. D'autres personnes sont là aussi, qu'on me présente comme des oncles ou des cousins. Je m'y perds, ça ne fait rien. Faute de savoir quoi faire, je tends les fleurs à Rachida avec raideur et je la remercie, avec trop de solennité, de son invitation. Heureusement, elle parle un français impeccable.

– Et qu'est-ce que tu penses de l'Algérie ?

Tout le monde me pose cette question. Comme si un touriste de mon âge pouvait avoir la moindre idée à ce sujet après trois jours de présence. Mais j'essaie de faire plaisir : je dis que la ville est belle, et même plus que ça, que j'ai adoré la vue depuis Notre-Dame-d'Afrique, que les gens d'Alger paraissent toujours prêts à rendre service. Avec le sourire, en plus.

---

1 **s'écailler** abblättern – 3 **carrelé** mit Fliesen ausgelegt – 3 **entrouvert** à peine/à moitié ouvert – 4 **un carreau** Fliese – 5 **ébréché** cassé – 5 **entretenu** soigné, en bon état – 9 **un palier** une plateforme entre deux parties d'un escalier – 10 **une sonnette** → sonner – 14 **étrangement** bizarrement – 15 **l'entre-deux-guerres** la période entre la Première et la Seconde Guerre mondiale – 18 **desservir** *pour un couloir* faire communiquer – 19 **un saut** Sprung – 24 **affairé** très occupé – 27 **la raideur** sans flexibilité – 28 **la solennité** [sɔlanite] Feierlichkeit – 29 **impeccable** *fam* parfait

– Où tu vas, après ?

C'est bien ce que j'avais cru comprendre : ils sont curieux, les Algériens. Gentils, mais curieux. Il faut expliquer, justifier, planifier. C'est peut-être leur façon d'être aimables, de montrer
5 qu'ils prennent ma visite à cœur.

Le couscous est délicieux. J'en ai mangé des dizaines de fois, au restaurant ou même à la cantine du lycée, mais celui-ci n'a rien à voir. C'est une merveille. Je fais des compliments et je me ressers, pour montrer la sincérité de mes félicitations. Je n'ai
10 consommé presque que des sandwiches et des pizzas (et des dizaines de kilos de pêches, bien sûr) depuis plus d'un mois, alors un vrai repas avec de la viande et des légumes prend tout de suite des allures de festin. L'ambiance est détendue, je me sens presque en famille. Je suis bien.
15 Après le repas, Rachida et l'une de ses cousines ont disparu dans la cuisine. Elles reviennent avec des verres de thé et s'éclipsent à nouveau. Les femmes ne traînent pas trop avec les hommes, ici. D'autres cousins se lèvent et prennent congé. Bientôt, je me retrouve avec Mourad et l'un de ses oncles dont
20 je n'ai pas réussi à retenir le prénom.

– Alors, tu as retrouvé Samira ?

Je lui résume, en restant vague sur les détails, mes récents entretiens à l'hôpital Mustapha. Rapidement, j'en viens à la question qui me préoccupe : comment se rend-on à Tizi ? Et où
25 se trouve cette ville ? Car cette fois encore, j'ai pris une décision presque sans y penser. Si Samira est partie pour Tizi, où que ce soit, je dois essayer de la retrouver là-bas.

Mourad et son oncle se concertent en arabe. Puis ils m'expliquent que Tizi-Ouzou, que l'on appelle familièrement
30 "Tizi" pour faire court, est la capitale d'une région algérienne : la Kabylie. Eux aussi, Mourad et tous les siens, sont kabyles. "Pas arabes", précise-t-il.

Je n'y comprends plus rien. Kabyles, Arabes, pour moi c'était pareil. Mais Mourad insiste : les Kabyles sont un peuple
35 berbère, pas arabe. Ils sont sur le sol algérien depuis des temps

---

4 **planifier** faire un plan – 5 **prendre qc à cœur** prêter beaucoup d'intérêt à qc – 8 **c'est une merveille** *ici :* c'est très bon, délicieux, excellent – 9 **des félicitations** *mod fpl* un compliment – 12 **prendre des allures** prendre des airs – 13 **un festin** un repas de fête – 13 **détendu** calme, décontracté – 17 **s'éclipser** disparaitre – 18 **prendre congé** dire au revoir et s'en aller – 20 **retenir qc** se rappeler de qc, se souvenir de qc – 22 **récent** *ici :* dernier – 23 **un entretien** une conversation, une discussion – 24 **préoccuper qn** travailler, obséder qn (jdm beschäftigen) – 28 **se concerter** se mettre d'accord avant de décider d'une action – 29 **familièrement** de façon familière – 35 **le sol** la terre – 35 **depuis des temps très anciens** *vx* depuis très longtemps

très anciens, alors que les Arabes sont des envahisseurs venus d'Arabie pour coloniser le Maghreb au Moyen Âge. D'après Mourad, ils sont très différents : physiquement d'abord, parce que les Kabyles ont assez souvent les yeux clairs (là, je baisse
5 les paupières) ; ils ne parlent pas la même langue et ont des traditions bien à eux, même s'ils sont également musulmans.

Je bredouille "Ah bon, pardon, je ne savais pas" comme si j'avais été pris en faute. Je suis frappé par la véhémence de Mourad : il est clair que pour lui ces distinctions sont
10 importantes. Peut-être le sont-elles pour moi aussi, finalement.

La discussion tourne de nouveau autour de l'éventualité de mon voyage à Tizi-Ouzou. À une centaine de kilomètres d'Alger, me dit-on. Ouf, ce n'est pas à l'autre bout du pays, ce
15 que j'avais craint un instant. On peut prendre le train, mais le mieux consiste à s'y rendre en voiture. Sauf que moi, je n'ai pas de voiture. Je n'ai même pas mon permis de conduire.

Mourad et son oncle dialoguent entre eux, et je ne sais plus s'il s'agit d'arabe ou de kabyle : je suis incapable de m'en
20 apercevoir à l'oreille. La fatigue m'enveloppe, et l'idée de devoir marcher une heure pour retrouver mon hôtel de Bab-el-Oued ne me réjouit pas. Je bâille discrètement.

– Écoute, voilà ce qu'on va faire : mon oncle maintenant va te ramener en voiture, et demain je t'appelle à l'hôtel. Ne
25 t'inquiète pas, il y aura un moyen pour toi d'aller à Tizi.

Je proteste un peu, pour la forme, mais en réalité j'éprouve du soulagement : je suis heureux d'avoir trouvé quelqu'un pour me prendre en charge.

Dans la voiture de retour, je reste silencieux, sauf pour
30 remercier (j'en rajoute un peu, exprès) l'oncle de Mourad. À l'hôtel, Ahmed ronfle, la tête entre ses bras, sur le bureau de la réception. Il n'a même pas pris la peine de s'installer dans le vieux fauteuil d'osier près de la porte, comme il le fait d'habitude. Il fait nuit noire et tout est, enfin, silencieux. Un

---

1 **un envahisseur** Angreifer – 4 **baisser les paupières** *ici :* baisser les yeux, regarder vers le bas – 7 **bredouiller** parler de façon indistincte et confuse – 8 **prendre qn en faute** surprendre qn en train de faire une faute – 8 **être frappé par qc** *ici :* être surpris par qc – 8 **la véhémence** [veemãs] la force, la violence – 11 **finalement** à la fin – 12 **tourner autour de qc** avoir pour sujet, thème principal – 17 **le permis de conduire** Führerschein – 20 **envelopper** übermannen – 22 **se réjouir** être content – 22 **bâiller** gähnen – 26 **éprouver qc** etw empfinden – 28 **prendre qn en charge** s'occuper de qn – 30 **en rajouter** *fam* en faire trop – 30 **exprès** absichtlich – 31 **ronfler** *ici :* dormir en respirant bruyamment par le nez (schnarchen) – 33 **l'osier** *m* Weide

sommeil de plomb s'empare de moi jusqu'au premier appel du muezzin.

---

1 **de plomb** lourd – 1 **s'emparer de qn** jdn packen

10 AOÛT

Une brume rose s'élève devant nous au-dessus de la mer. Le jour se lève. Malgré l'heure matinale, nous croisons des files de voitures ininterrompues qui, en sens inverse, viennent déverser leurs flots de travailleurs. La plupart entrent dans Alger dès le petit matin, avant que les embouteillages ne paralysent la voie rapide.

Comme la température est encore fraîche, je tiens ma vitre à moitié fermée. Je m'installe confortablement, un peu de côté (pas de ceinture de sécurité pour me maintenir collé au siège : ma mère pousserait des hurlements si elle me voyait bringuebaler ainsi à l'avant d'un camion). Car je me trouve dans un camion, une grosse camionnette bâchée, plutôt, qui transporte du matériel de construction. Et qui s'apprête à me transporter, moi, un peu passager clandestin, sur la centaine de kilomètres qui séparent Alger de Tizi-Ouzou, en Kabylie.

Je coule un regard vers mon chauffeur. Il ne m'a quasiment pas adressé la parole depuis que nous nous sommes retrouvés, il y a une vingtaine de minutes, à l'angle du boulevard Zighout-Youcef. À l'heure convenue, la camionnette s'est arrêtée au bord du trottoir. J'ai vu s'ouvrir la portière côté passager et j'ai entendu quelqu'un dire :

– C'est toi, Félicien ? Alors, monte !

Il a fallu deux jours à Mourad pour m'arranger ça. Il me l'avait promis l'autre soir : il a trouvé une voiture pour m'emmener à Tizi, mais j'ai dû d'abord attendre la fin du week-end. Deux jours entiers de suspension d'enquête. Aujourd'hui c'est samedi, le début de la semaine ici, et nous sommes en route. Dans l'habitacle, la radio braille à qui mieux mieux. C'est de la chanson populaire, avec des modulations typiques de la

---

1 **une brume** Nebel – 3 **ininterrompu** continu, sans fin – 3 **en sens inverse** dans l'autre direction – 3 **déverser** déposer de grandes quantités – 4 **un flot de** une multitude de, une foule de – 4 **un travailleur** une personne qui travaille – 5 **un embouteillage** un bouchon – 5 **paralyser** *ici :* bloquer – 7 **une vitre** une fenêtre – 8 **confortablement** → confortable – 9 **une ceinture de sécurité** Sicherheitsgurt – 9 **maintenir** *ici :* faire rester qn dans une position – 10 **pousser des hurlements** crier – 11 **bringuebaler** [bʀɛ̃g(ə)bale] *fam* hin- und herwanken – 12 **bâché** couvert d'une bâche en toile ou en plastique (Wagenplane) – 14 **clandestin** illégal – 15 **séparer** éloigner – 16 **couler un regard vers qn/qc** regarder de façon indirecte, cachée – 16 **un chauffeur** une personne qui conduit une voiture, un camion… – 16 **quasiment** presque – 17 **adresser la parole à qn** parler à qn – 19 **convenu** décidé – 20 **une portière** la porte d'une voiture – 24 **emmener qn** *ici :* conduire qn – 26 **entier** complet – 28 **un habitacle** la partie d'un véhicule réservée aux passagers – 28 **brailler** *fam* parler, chanter ou crier très fort – 29 **populaire** *ici :* connu et aimé de tout le monde

musique arabe. Je commence à m'habituer. Peut-être même que je vais me mettre à aimer ça, suffisamment pour acheter un CD avant mon départ. Et s'il me reste un peu d'argent, j'en rapporterai un à Mathilde. En souvenir.

5   Je n'ai pas osé laisser mes affaires à l'hôtel. J'ai salué Ahmed qui dormait à moitié, mais je suis resté vague sur une date de retour. Si je retrouve Samira, aurai-je envie de passer le reste de mon séjour avec elle ? Et elle ? A-t-elle envie de voir surgir dans sa vie ce garçon devenu si grand qu'elle a volontairement
10 laissé derrière elle ? Elle a sans doute tout fait pour m'oublier, et rien ne me prouve qu'elle soit désireuse que ça change. C'est une éventualité qui doit être envisagée. J'y suis préparé, je l'admets.

    Nous roulons sur la grande route qui relie la ville à l'aéroport
15 Boumédiène. C'est la première fois que je sors d'Alger. Par la fenêtre, je vois des gens, des jeunes surtout, qui marchent le long de la voie au mépris de toute sécurité, des bas côtés poussiéreux, des véhicules arrêtés. Quelques kilomètres de banlieues hérissées de cités et voici l'aérogare fléché sur
20 notre droite. La signalisation est faite en deux langues. Je n'ai toujours pas réussi à repérer la moindre lettre dans ces tracés courbes, et je le regrette. J'ai tout de même appris à lire les chiffres sur les pièces de monnaie, c'est pas si difficile.

    Dans le camion, la température monte peu à peu, et je
25 descends ma vitre malgré le boucan que fait la camionnette au passage de nids-de-poule. Les maisons ont cessé d'être à touche-touche, les banlieues s'effilochent. Mon chauffeur jure silencieusement chaque fois qu'un obstacle l'oblige à faire un écart.

30   J'ai demandé à quelle heure nous serions à Tizi mais n'ai obtenu qu'une réponse imprécise : "Ça dépend." Je ne sais si ça dépend de la circulation, de l'état de la route ou des arrêts de livraison. On verra bien. Je n'arrive pas, malgré tout, à me

---

2 **suffisamment** assez – 8 **surgir** apparaître brusquement – 11 **désireux** → désirer – 12 **envisager** *ici :* penser – 13 **admettre** accepter – 14 **relier qc à qc** mettre qc en communication avec qc – 18 **poussiéreux** staubig – 19 °**hérissé** *ici :* rempli de, plein de – 19 **une cité** un ensemble d'immeubles – 19 **l'aérogare** *m* le bâtiment de l'aéroport destiné à l'accueil et l'embarquement des voyageurs et des marchandises – 20 **la signalisation** Verkehrszeichen – 23 **une pièce de monnaie** Münze – 25 **un boucan** du bruit – 26 **un nid-de-poule** un trou dans la route – 26 **cesser de** arrêter de – 27 **être à touche-touche** *fam ici* se suivre de très près – 27 **s'effilocher** disparaître peu à peu – 27 **jurer** fluchen – 28 **un obstacle** un élément qui bloque le passage – 28 **faire un écart** quand on s'éloigne d'une direction – 31 **imprécis** vague, ≠ précis – 31 **dépendre de qc** von etw abhängen – 32 **la circulation** Verkehr – 32 **l'état** *m* Zustand – 33 **une livraison** Lieferung

sentir complètement détaché : l'impatience et l'inquiétude jouent avec mes nerfs. Je m'approche du but.

Au bout d'un moment, nous quittons la plaine côtière et la route commence à serpenter pour passer le premier col. Loin
5 devant se dressent des sommets pointus et bleus.

– La Grande Kabylie, dit mon chauffeur, et sa voix s'est teintée de fierté.

Je suppose qu'il est kabyle, lui aussi.

C'est beau, on ne peut pas le nier. À mesure que nous
10 roulons, les montagnes se rapprochent. Il faudra que je pense à me renseigner sur l'altitude.

– C'est haut, hein ? reprend le conducteur comme s'il avait deviné mes pensées. Il y a beaucoup de neige en hiver. On a même une station de ski. Tu devrais aller voir. Si tu as le temps.
15 Il me glisse un regard de côté.

– Mourad m'a expliqué. Je sais que t'es pas en vacances. On va s'occuper de toi.

Je ne sais pas pourquoi, mais cette façon tranquille de me parler, la confiance affichée par cet homme que je ne connais
20 pas, cette manière simple de m'affirmer qu'on va "s'occuper de moi", ça me fait vraiment chaud. J'ai presque un peu honte. En France, qui serait prêt à aider un étranger avec autant de gentillesse ? J'ai honte, cette fois, de ne pas être arabe. Ou kabyle. J'ai changé. Oui, j'ai beaucoup changé en quelques
25 semaines.

La camionnette a fait seulement un arrêt en chemin, et nous sommes entrés en milieu de matinée dans Tizi-Ouzou. La ville (son nom berbère signifie, paraît-il, "col des genêts") m'a paru être un gros centre moderne sans charme
30 particulier. Mon chauffeur, dont j'ignore toujours le prénom, m'a conduit tout de suite en plein centre, dans un petit hôtel qui, selon toute probabilité, est tenu par l'un de ses cousins. J'ai remercié, et j'ai vu la camionnette repartir en pétaradant. Le conducteur n'a même pas voulu que je l'invite à déjeuner
35 pour le dédommager de son service : il se rend à Constantine, et il en a pour la journée, m'a-t-il dit. Après quelques mots de

---

1 **détaché** *ici* : insensible, indifférent – 1 **l'impatience** *f* un manque de patience – 3 **une plaine côtière** une région plate le long de la côte – 4 **serpenter** faire des courbes – 4 **un col** la partie la plus basse formant un passage entre deux montagnes – 5 **se dresser** être droit – 5 **un sommet** *ici* : le point le plus haut d'une montagne – 6 **se teinter** *ici* : prendre un caractère particulier – 9 **nier** dire le contraire, contester – 9 **à mesure que** en même temps que – 11 **se renseigner** s'informer – 11 **l'altitude** *f* la hauteur – 15 **glisser un regard vers qn/qc** regarder qn/qc discrètement – 19 **afficher qc** *ici* : montrer qc – 23 **la gentillesse** → gentil – 29 **un genêt** Ginster – 35 **dédommager qn de qc** remercier qn de qc

bienvenue, l'hôtelier – qui affirme être un ami de la famille de Mourad – m'a promis toute l'aide dont il serait capable. Il est visiblement au courant de mon histoire, du moins telle que je l'ai inventée de toutes pièces. Je me sens sérieusement mal
5 à l'aise dans mon mensonge, surtout maintenant qu'il faut le partager avec tant de gens bien intentionnés à mon égard.

Une fois encore, j'ai posé mon sac et retrouvé mon Nikon, et je suis sorti faire un tour. J'ai commencé par m'installer à une terrasse sur une place ombragée. Je prends quelques photos
10 qui seront sans doute surexposées, étant donné l'indice élevé de luminosité à cette heure, mais je ne peux m'en empêcher. Je triche en fermant le diaphragme au maximum, ce qui, je le pressens, donnera aux images un côté un peu artificiel et théâtral. Il fait plus sec encore qu'à Alger, et la chaleur
15 paraît plus intense, si c'est possible. Les gens sont plus lents, aussi : Tizi a des allures de bourgade provinciale, en dépit de son étendue. C'est un chef-lieu de *wilaya*, comme on dit en Algérie, et j'ai remarqué le bâtiment qui sert d'hôtel de ville, ou de préfecture de région, je ne sais ; en tous cas un grand plan
20 de la ville était placardé à l'extérieur, et je me suis empressé de l'étudier – comme toujours, j'aime apprivoiser les repères.

Dans l'après-midi, après avoir fait une sieste pour laisser passer les heures les plus chaudes, je me rends à l'hôpital central. Il est écrit que je connaîtrais surtout, de ce pays,
25 l'accueil des urgences... Les bâtiments sont moins imposants que ceux de Mustapha, mais il y règne la même atmosphère – celle, je suppose, de n'importe quel hôpital : de l'efficacité et de l'inquiétude, de l'agitation perceptible sous un masque d'affabilité. J'ai peaufiné mon discours depuis la semaine
30 dernière. Les renseignements glanés à Mustapha m'ont conduit à revoir ma méthode. Je demande où se trouve la

---

1 **un, e hôtelier, ière** la personne qui tient un hôtel – 4 **inventer qc de toutes pièces** imaginer/créer qc entièrement – 4 **se sentir mal à l'aise** ne pas se sentir bien, ≠ être à l'aise – 6 **à mon égard** avec moi – 9 **ombragé** ≠ au soleil → l'ombre *f* – 10 **surexposé** *pour une photo* trop clair – 10 **élevé** haut – 12 **tricher** mogeln – 12 **un diaphragme** *pour la photo* Blende – 13 **pressentir qc** deviner, prévoir – 15 **lent** ≠ rapide – 16 **une bourgade** *provençal* un petit village à la campagne – 16 **en dépit de** malgré – 17 **une étendue** une grandeur – 17 **un chef-lieu** le centre d'un département – 19 **la préfecture** Kreisverwaltung – 20 **placardé** affiché – 20 **s'empresser de faire qc** sich beeilen, etw zu tun – 21 **apprivoiser qc/qn** *ici :* se familiariser avec qc/qn, s'habituer à qn/qc – 25 **imposant** impressionnant – 26 **régner** herrschen – 27 **l'efficacité** *f* la productivité – 28 **l'agitation** *f* le mouvement, l'animation – 28 **perceptible** que l'on peut sentir, percevoir – 29 **l'affabilité** *f* la gentillesse, la politesse – 29 **peaufiner qc** préparer avec soin et attention – 30 **un renseignement** une information → se renseigner – 30 **glaner qc** recueillir, rassembler qc – 31 **revoir qc** *ici :* examiner pour corriger

maternité. On me l'indique simplement, comme si j'étais un visiteur sur le point de découvrir le visage de son nouveau neveu. Cela me rassure, car j'ai craint, un moment, que l'accès à une maternité ne soit interdit à un jeune homme.

5 Ou alors, j'ai tellement vieilli en quelques semaines qu'on me prend pour un jeune père ? Je dis *"Saha !"* et je file avant que la secrétaire à l'accueil ne change d'idée à mon sujet.

Mon raisonnement est simple. Samira était infirmière à Mustapha. Un jour, il y a une quinzaine d'années, peut-être

10 plus, elle est repartie pour sa région d'origine, la Kabylie. Si elle a continué à travailler, il y a fort à parier pour qu'elle l'ait fait en grande ville, où elle avait davantage de chances de retrouver un emploi. Son premier souci, en toute logique, a sans doute été de redevenir infirmière en maternité dans le plus grand centre

15 hospitalier du secteur. C'est mon raisonnement, mais mille autres seraient possibles, et même tout aussi convaincants.

La porte du bâtiment qui abrite la maternité est grande ouverte : quelqu'un l'a coincée dans cette position avec une pierre, sans doute pour ménager un peu d'air dans le

20 hall. J'entends du bruit, des exclamations joyeuses et des hurlements de nouveau-né. Je suis ému, même si j'ai du mal à l'admettre. L'idée m'est venue que j'aurais pu naître ici.

Au poste d'infirmières, je demande qui est le médecin principal en charge. Le docteur Ghazli, m'apprend-on sans

25 s'étonner de ma question. Il occupe ce poste depuis plus de quinze ans. Parfait. Quand j'explique que j'aimerais le rencontrer, l'infirmière-chef m'indique un couloir, sur la droite, et dit seulement : "Troisième porte." C'est trop facile pour être vrai.

30 Le docteur Ghazli, comme tous les Algériens à qui j'ai eu affaire jusqu'à présent, est tout à fait désireux de me renseigner une fois que je lui ai présenté ma requête (je m'en tiens à la version mensongère, mais sans excès). Oui, il a eu autrefois, quand il était jeune interne ici, une infirmière du nom de

---

1 **un visiteur** → visiter – 2 **un neveu** le fils de son frère ou de sa soeur – 5 **vieillir** devenir vieux – 8 **un raisonnement** une pensée, une analyse logique – 11 **parier** wetten – 13 **un souci** une inquiétude – 15 **du secteur** du coin – 16 **convaincant** bon, valable – 17 **abriter** *ici :* loger, recevoir les patients de la maternité – 19 **ménager** *ici :* laisser entrer – 21 **ému** touché, qui ressent une émotion – 24 **en charge** en poste, responsable – 25 **s'étonner** être surpris – 30 **avoir affaire à qn** être en relation avec – 31 **jusqu'à présent** jusqu'à maintenant – 31 **désireux de faire qc** ayant le désir de faire qc – 32 **une requête** une demande – 33 **mensonger** → un mensonge – 34 **un interne** une personne qui a réussi le concours de l'internat et qui aide le chef de service dans un hôpital

Samira Maziane. (Je me félicite avec bonheur de la logique qui m'a mené directement dans ce bureau.) Cela remonte à quinze ans, ou à peu près. Il s'en souvient, parce qu'ils ont vécu ensemble quelques heures difficiles lors de la naissance
5 de jumeaux siamois. C'était elle qui l'avait assisté au moment de cette naissance si particulière, c'est pourquoi il a gardé son nom en mémoire. Une jeune femme efficace et douce. Des qualités assez répandues chez les infirmiers, évidemment. Mais elle avait quitté l'hôpital de Tizi moins d'un an après son
10 arrivée.

Fin de l'euphorie. Je suis déçu. Plus que ça. Je me sentais si proche. Et je n'ai avancé que d'une petite année sur la route qui doit me mener à Samira. Je ne dis rien, le docteur Ghazli me regarde avec bienveillance, sans savoir si j'ai de nouvelles
15 questions en réserve.

– J'aimerais beaucoup... Enfin, pour ma mère, c'est tellement important... Ma mère aimerait tant que je lui rapporte des nouvelles de Samira, vous comprenez... Avez-vous idée de l'endroit où elle est partie ensuite ? Dans quel hôpital ?
20 – À ma connaissance, Samira Maziane est partie parce qu'elle voulait cesser de travailler.

– Arrêter de travailler ? Mais pourquoi ? Le docteur se contente d'un petit sourire.

– Vous savez, jeune homme, les femmes d'ici, même
25 les femmes qualifiées, ont tendance à quitter leur emploi lorsqu'elles se marient.

C'est donc cela ! Samira s'est mariée ! Je réprime un gémissement de découragement. Se marier, cela veut dire sans doute déménager et... changer de nom. Le fantôme de Samira
30 s'éloigne, inexorablement. Je demande tout de même, sans trop y croire :

– Vous savez qui elle a épousé ?

– Non. Si je l'ai su, je l'ai oublié. Mais elle est retournée dans son village natal, je crois. En tout cas, c'est ce qu'elle avait
35 l'intention de faire.

---

1 **se féliciter de qc** etw begrüßen – 2 **remonter à** dater de, c'était il y a déjà – 4 **lors de** pendant – 5 **des jumeaux siamois** des jumeaux (Zwilinge) rattachés l'un à l'autre par une partie du corps – 5 **assister qn** aider qn – 7 **doux** ≠ brutal – 8 **répandu** qu'on voit/ rencontre souvent – 14 **la bienveillance** *litt* quand qn veut du bien à qn – 16 **tellement** si – 20 **à ma connaissance** selon mes informations – 25 **avoir tendance à faire qc** dazu neigen etw zu tun – 27 **réprimer un gémissement** retenir un cri – 28 **le découragement** → décourager – 30 **inexorablement** unerbittlich

Allez, une nouvelle injection d'espoir. J'ai l'impression d'être soumis à d'insupportables chauds et froids.

– Vous le connaissez ? Le nom du village ?

– Moi, non, mais il doit y avoir des registres. Si vous avez le temps, nous pouvons chercher.

J'ai fait taire mon mouvement de protestation, j'ai étouffé un soupir et j'ai dit merci. Merci. Oui, je peux attendre. Encore un peu.

---

1 **être soumis à qc** *ici :* avoir, ressentir

12 AOÛT

J'ai pris place à bord d'un taxi collectif où sept ou huit personnes se sont entassées, sans compter les animaux qu'on a installés sur le plateau à l'arrière : une chèvre attachée par une corde et deux cages assez grandes qui contiennent des volailles
5 – des poules, pour autant que je sache. Tout ce monde s'est retrouvé en fin d'après-midi sur la place du marché. Comme l'autre jour, mon transport a été arrangé par d'autres que moi. C'est ainsi que je me retrouve coincé contre la portière de la vieille camionnette, serré à étouffer par mon voisin, un jeune
10 de mon âge qui s'excuse régulièrement de me tomber dessus dans les virages.

Car les virages ne manquent pas. Nous avons quitté très vite la plaine de Tizi-Ouzou en direction d'un énorme massif montagneux qui, d'ici, paraît totalement inhabité. Par la vitre,
15 je vois défiler les bas-côtés couverts d'herbes sèches – les fameux genêts de Kabylie, peut-être –, et j'aperçois un horizon bouché par des sommets escarpés. Mon voisin se tourne vers moi :

– Le Djurdjura, me dit-il en pointant son doigt vers les cimes
20 au loin. C'est là que tu vas.

Il a l'air de le savoir mieux que moi, c'est rassurant. Je tâte, à travers ma poche, le bout de papier que m'a tendu le docteur Ghazli ce matin ; il y a inscrit un nom, celui du village de Samira. C'est là que je me rends, tout en haut, quelque part
25 dans ces impressionnantes montagnes.

Je m'accroche tant que je peux pour ne pas verser à chaque cahot et je regarde le paysage avec attention. La pente est plus forte à présent, et nous sommes entourés de figuiers au tronc blanc et d'oliviers argentés. Un nuage, un seul, s'étire dans le
30 ciel. La température doit avoir dépassé les trente-cinq degrés. Je suis en sueur et mon T-shirt est un chiffon humide collé à

---

3 **un plateau** *ici :* la partie découverte, sans bord, d'un camion – 3 **une chèvre** Ziege –
4 **une cage** un espace clos où sont enfermés des animaux – 4 **la volaille** Geflügel –
13 **un massif montagneux** un ensemble de montagnes – 15 **défiler** *ici :* se suivre –
17 **bouché** bloqué, caché – 17 **escarpé** qui est en pente abrupte et raide – 19 **une cime**
litt un sommet, le haut d'une montagne – 21 **rassurant** qui tranquillise, sécurise –
23 **inscrire** *ici :* écrire – 25 **impressionnant** qui produit beaucoup d'effet – 26 **verser**
ici : tomber sur le côté – 27 **un cahot** le choc produit quand une voiture roule sur une
mauvaise route – 27 **un paysage** Landschaft – 28 **un figuier** Feigenbaum – 28 **un tronc**
Baumstamm – 29 **argenté** de couleur argent – 29 **s'étirer** s'allonger – 30 **dépasser** *ici :*
être supérieur à – 31 **un chiffon** *ici :* un vêtement froissé (zerknittet)

mes épaules. Toutes les trente secondes, l'un de nous agite la main pour chasser les mouches.

Tout en regardant autour de moi (et il y a de quoi regarder, car le paysage est d'une beauté à couper le souffle), je me sens
5 étrangement calme. Samira se rapproche, mais toute mon excitation de ces derniers mois a fait long feu. L'énervement de l'arrivée à Alger, le cœur qui s'emballe à l'hôpital Mustapha, la tristesse confuse à la maternité de Tizi, tout cela me paraît curieusement effacé. J'ai appris la patience, ici.
10 La route est devenue plus étroite et serpente tant et plus. Pour croiser un camion tout à l'heure, notre conducteur a dû adosser le véhicule tout contre la paroi.

La végétation aussi se modifie à mesure que nous nous approchons des cimes : elle se raréfie pour laisser place à
15 des escarpements dénudés. D'énormes blocs de roche sont couchés sur les accotements : on dirait que la montagne s'écroule par endroits et qu'on s'est contenté de pousser sur le bord les énormes caillasses qui encombraient la voie.

Quelqu'un demande au chauffeur de faire une pause.
20 La camionnette s'immobilise au milieu de la route et nous descendons tous faire quelques pas. Je marche jusqu'au lacet suivant pour découvrir la vue sur la vallée. Au-dessus de nous se profilent deux aiguilles abruptes, tandis qu'en contrebas se découvre un précipice vertigineux, comme si une main
25 gigantesque avait bousculé tout le paysage. Les rochers brunâtres laissent paraître, çà et là, des veines de terre rouge nue, à peine couverte, par endroits, d'une végétation basse. J'ai peine à croire que des hommes vivent dans une nature d'une telle aridité. La sécheresse de l'air me suffoque, et le parfum
30 fort des plantes aromatiques me saisit à la gorge.

---

2 **chasser** *ici* : éloigner – 2 **une mouche** Fliege – 4 **couper le souffle** *fam* étonner vivement, stupéfier – 6 **l'excitation** *f* le trouble, l'agitation *f*, ≠ le calme – 6 **faire long feu** ne pas durer – 7 **s'emballer** *ici* : quand le cœur bat plus vite (d'excitation, de joie…) – 8 **la tristesse** ≠ la joie → triste – 11 **croiser** *ici* : passer à côté dans le sens contraire – 12 **adosser qc contre qc** appuyer, poser qc contre qc – 12 **une paroi** *ici* : le côté abrupt d'une montagne – 13 **à mesure que** *par extension* pendant que – 14 **se raréfier** devenir rare, moins dense (dicht) – 15 **un escarpement** → escarpé – 15 **dénudé** *ici* : sans végétation – 15 **la roche** → un rocher – 16 **un accotement** [akɔtmã] le bord de la route – 17 **s'écrouler** tomber – 17 **pousser** *ici* : amener, mettre – 18 **une caillasse** une roche dure – 20 **s'immobiliser** stopper, s'arrêter – 21 **un lacet** un virage, une courbe – 23 **se profiler** se dessiner, apparaître – 23 **une aiguille** le pic d'une montagne – 24 **un précipice** un vide profond et abrupt (Abgrund) – 24 **vertigineux** qui donne le vertige (Schwindel) – 26 **brunâtre** presque brun – 26 **une veine** Ader *ici* : une zone longue et étroite – 29 **l'aridité** *f* quand il fait extrêmement sec – 29 **la sécheresse** l'aridité → sec – 29 **suffoquer** manquer d'air, avoir des difficultés à respirer, étouffer

Quand nous repartons, le paysage change de nouveau. La route suit le tracé d'une crête étroite, délimitée de chaque côté par des pentes raides noyées sous les conifères. J'espère qu'on ne va pas tomber en panne. Le soleil décline, mais
5 nous avançons à présent face à lui et je suis obligé de cligner des yeux. La route oscille et revient sur elle-même, laissant voir, disséminés sur les sommets alentour, plusieurs villages perchés comme des forteresses. Cela me rappelle les villages toscans que j'ai visités l'an dernier avec mes parents, mais la
10 douceur siennoise a laissé place à une âpreté redoutable.

C'est donc par ici, dans l'un de ces hameaux de crête, que Samira a grandi. C'est d'ici qu'elle est partie pour Alger la Blanche – et pour la France, car je n'oublie pas que je suis né, moi, dans un arrondissement parisien et pas sur les hauteurs
15 du Djurdjura. Quelle histoire, quel secret ont mené Samira jusqu'à Paris ? Pauvre Samira : pour la première fois peut-être, j'essaie d'imaginer ce qui l'a poussée à me laisser grandir sans elle. Pendant toute mon enfance, j'ai refusé de me poser la question. On m'avait confié pour adoption, et j'avais une
20 famille, c'était suffisant. Pendant toute mon enfance, j'ai délibérément écarté la question "Pourquoi ?" que je trouvais sans aucun doute trop gênante pour le garçon que j'étais. Aujourd'hui, c'est différent. Quand j'aurai trouvé Samira, aurai-je le courage de la lui poser ?

25 À sept heures, nous arrivons à Tikjda, le plus gros village du Djurdjura et notre destination finale. Les maisons aux toits de tuiles sont groupées les unes contre les autres et s'étirent doucement le long de la crête. On me dit qu'ici on skie l'hiver, et que l'été des sportifs du monde entier viennent s'entraîner
30 en altitude. Je dis "Oui, oui" comme si je savais déjà tout cela, parce qu'en réalité je suis exténué. Je me dépêche de trouver un endroit pour la nuit.

---

2 **un tracé** la forme – 2 **une crête** la ligne formée par le sommet de plusieurs montagnes – 2 **délimité** qui a une limite précise – 5 **cligner des yeux** quand on ferme et ouvre les yeux à cause d'une lumière trop forte – 6 **osciller** *ici :* serpenter – 7 **disséminé** placé à des endroits différents, loin les uns des autres – 8 **perché** situé en hauteur – 8 **une forteresse** Festung – 10 **siennois** de Sienne (ville d'Italie, en Toscane) – 10 **une âpreté** une dureté – 10 **redoutable** qui est à craindre, dont on a peur – 11 **un °hameau** un groupe de maisons rurales situées à l'écart d'un village – 21 **délibérément** volontairement (mit Absicht) – 21 **écarter qc** éloigner qc – 22 **gênant** pénible, désagréable – 27 **une tuile** Ziegel – 31 **exténué** très fatigué

13 AOÛT

Enveloppé dans mon sac de couchage, j'ai dormi comme une souche dans une chambre rudimentaire et je me sens en pleine forme, prêt à fouiller toutes les maisons, village après village. Je vais retrouver Samira.

5 À la terrasse d'un restaurant minuscule, je me suis fait servir une *chorba*, une soupe algérienne nourrissante qui coûte trois fois rien. J'ai refait mon sac, j'ai acheté de l'eau en quantité, et je suis prêt à continuer la route. À pied, cette fois, car il semble que les voitures n'aillent pas plus loin.

10 Je suis jeune et inexpérimenté, bien sûr, mais pas totalement idiot. J'ai demandé conseil à plusieurs personnes pour préparer mon expédition. Le village dont m'a parlé le docteur Ghazli n'est pas si loin que ça : une douzaine de kilomètres tout au plus, mais il faut pour s'y rendre emprunter des sentiers à
15 chèvre plutôt raides. J'ai vérifié l'état de mes chaussures – ces chaussures de marche que j'ai eu la bonne idée d'emporter de Paris, à tout hasard – et je me suis renseigné sur la météo. Mais les gens n'ont pas l'air de me prendre pour un fou : on est au mois d'août, après tout, et on ne risque pas l'avalanche.

20 Je termine ma soupe en sauçant avec du pain : ma mère trouverait sûrement à redire à mes manières, mais franchement c'est délicieux. Je me suis bricolé une espèce de turban avec un T-shirt pour protéger ma tête du soleil, bien que je ne risque pas grand-chose : mes cheveux ont tellement poussé,
25 mes boucles sont si épaisses et serrées qu'elles constituent la meilleure des protections.

– Eh, attends ! me crie le propriétaire du bistrot au moment où je me lève. Il sait où je vais, je le lui ai dit tout à l'heure.

– Si tu veux, Omar peut partir avec toi : il se met en route
30 maintenant. Il t'accompagnera là-bas.

J'ai d'abord envie de refuser, parce que j'ai imaginé que je ferais le chemin seul. J'ai besoin de me concentrer, pour me préparer à la rencontre avec Samira. Je me tourne pourtant dans la direction indiquée et je découvre un vieux, un très
35 vieux, enveloppé dans une espèce de cape trop chaude pour la

---

1 **dormir comme une souche** dormir profondément (tief) – 2 **rudimentaire** très simple – 6 **nourrissant** riche, qui nourrit bien (nahrhaft) – 10 **inexpérimenté** sans expérience – 13 **une douzaine** → douze – 19 **l'avalanche** *f* Lawine – 20 **saucer avec du pain** nettoyer son assiette en enlevant la sauce avec du pain – 22 **bricoler qc** fabriquer qc – 22 **une espèce de** une sorte de – 25 **épais** *ici :* dense ≠ mince – 25 **constituer** *ici :* former, être

saison. Il tient un bâton à la main et sa bouche est ouverte sur un sourire édenté. Zut, si je pars avec lui, il va me ralentir.

Le patron de la gargote sent mon hésitation ; il ajoute :

– Omar parle français, il a vécu à Douai presque toute sa vie ! Il n'y en a pas beaucoup là-haut qui peuvent en dire autant. Il t'aidera et te servira d'interprète, si tu veux.

Je suis immédiatement convaincu par cet argument. Évidemment, si Samira est "là-haut", elle aussi parle français, j'en suis certain. Mais si elle n'y est pas ? Et si je dois continuer à la chercher ailleurs ? Cet Omar-là pourrait être bien utile, finalement.

Je souris au vieux. Je suis d'accord : nous partons ensemble.

Ce matin, j'ai compté deux heures et demie de marche pour passer le col et parvenir à mon but, mais je m'aperçois très vite que j'ai sérieusement sous-estimé la difficulté du trajet. Omar ouvre la voie, et je mets mes pas dans les siens. Nous sommes silencieux depuis le départ. À la sortie de Tikjda, une piste commence par une série de raidillons malaisés et étroits avant de devenir une sente caillouteuse sur laquelle je glisse dangereusement à chaque foulée. Je n'ose imaginer le même sentier parcouru avec de simples tennis aux pieds... Quant à mes craintes de tout à l'heure, elles se sont vite envolées : Omar marche vigoureusement en dépit de son âge. Appuyé sur son bâton, il gravit la pente avec facilité, tandis que je souffle trois mètres derrière lui en serrant les dents. Il fait une chaleur torride et je suis couvert de sueur. Au premier arbre que nous rencontrons – rien d'autre en fait qu'un arbuste étriqué et sec –, je demande grâce et me laisse tomber à terre pour reprendre des forces. Je bois avec avidité l'eau de ma gourde qui, par miracle, est restée plutôt fraîche. Omar me dévisage sans que rien, sur ses traits, ne me permette de savoir ce qu'il pense de ma faiblesse.

---

1 **un bâton** Stock – 2 **édenté** zahnlos – 2 **ralentir qn** faire que qn va moins vite – 3 **un patron** ici : le propriétaire, le chef – 6 **servir de** être – 6 **un interprète** une personne qui traduit dans une langue ce qui a été dit dans une autre langue et qui sert d'intermédiaire – 7 **convaincre qn** jdn überzeugen – 10 **ailleurs** dans un autre endroit – 15 **sous-estimer qc/qn** etw/jdn unterschätzen – 16 **ouvrir la voie** trouver un passage – 18 **un raidillon** un petit chemin en pente raide – 18 **malaisé** vx pour un endroit où l'on passe avec difficulté – 19 **une sente** litt un petit chemin → un sentier – 19 **caillouteux** fait de cailloux – 20 **une foulée** un pas – 21 **parcouru** ici : fait – 22 **une crainte** une peur – 22 **s'envoler** ici : disparaître – 23 **vigoureusement** avec énergie – 25 **serrer les dents** Zähne zusammenbeißen – 25 **une chaleur torride** quand il fait extrêmement chaud – 27 **un arbuste** un petit arbre – 27 **étriqué** petit et étroit – 29 **avec avidité** ici : quand on a très soif – 29 **une gourde** une bouteille pour transporter des boissons – 30 **dévisager qn** regarder qn avec insistance – 31 **les traits** ici : le visage

    – Vous faites ça tous les jours ? J'essaie de paraître aimable en engageant la conversation, mais je ne sais pas trop quoi lui dire. Omar me montre ses gencives roses.

    – Pas tous les jours, eh ! Deux fois par mois seulement.

5   – Et le reste du temps, vous êtes là-haut ?

    – C'est ça.

Il a un drôle d'accent quand il parle, pas tout à fait celui dont je commence à prendre l'habitude chez les gens d'ici. C'est vrai que ce type-là a passé de longues années en France.

10   – Vous faisiez quoi, à Douai ?

    – Ouvrier.

Il est plutôt laconique, Omar. Pas le genre bavard. J'essaie d'imaginer ce que cela veut dire, de quitter ces montagnes grillées de soleil pour aller vivre dans le Nord. Je n'y arrive pas.

15   – Il faut y aller, dit Omar en attrapant son bâton.

Je ne proteste pas, j'ai trop peur de le perdre. Sa présence à mes côtés est une bénédiction : sans lui, je ne sais si j'aurais eu le culot de continuer. La suite, curieusement, me paraît moins pénible. Je suppose que j'ai admis l'évidence : la rencontre

20 avec Samira n'aura pas lieu avant demain. Je n'ai aucune idée de l'endroit où je vais dormir ce soir.

Au bout d'un moment, Omar me fait signe : c'est sa pause. Il est malin, Omar. Il connaît les lieux. Il a choisi, pour s'arrêter, une longue courbe du chemin sur laquelle se projette l'ombre

25 d'un sommet tout proche. L'endroit est en plein courant d'air, ce qui apporte une très agréable fraîcheur. Omar pose son bâton et l'espèce de baluchon qu'il transporte sur son épaule depuis le début. J'en profite pour me débarrasser du sac qui me meurtrit les épaules. Omar tire de sa sacoche un gros

30 objet triangulaire enveloppé dans un linge humide. Il déplie soigneusement le torchon, puis une série de feuilles de papier journal mouillé, puis un nouveau linge, pour faire apparaître, enfin, une belle tranche de melon jaune. De sa poche, Omar tire un couteau et coupe le melon en deux. Il m'en tend une

35 moitié.

    – Pour la soif, explique-t-il.

---

3 **les gencives** *fpl* Zahnfleisch – 12 **laconique** qui parle peu, sans détails inutiles – 12 **bavard** qui parle beaucoup ≠ laconique – 17 **une bénédiction** un bonheur, une chance – 17 **avoir le culot de faire qc** oser, avoir le courage de faire qc – 23 **malin** intelligent, rusé ≠ idiot – 29 **meurtrir qn** *ici :* faire mal à qn – 30 **triangulaire** dreieckig – 30 **déplier** défaire, ouvrir – 31 **un torchon** *ici :* un morceau de tissu – 33 **une tranche** Scheibe – 34 **un couteau** Messer

Le melon est une merveille : juteux, sucré mais pas trop, et surtout frais, grâce à la manière dont il a voyagé dans son papier journal. Je me dis que je me rappellerai la méthode, plus tard.

5 Cette halte m'a aidé à récupérer. Du coup, mes vieilles habitudes reprennent le dessus, et je sors mon appareil photo. La vue est magnifique ici, et la lumière moins crue que tout à l'heure : cela devrait permettre de faire quelques bonnes prises. Je mitraille tranquillement le paysage alentour avant de 10 me tourner vers Omar.

– Vous permettez ?

Je lui ai demandé l'autorisation de le prendre en photo. Omar me regarde d'abord avec curiosité, et puis son visage se fend en un grand sourire. Il est d'accord. Je monte le soixante-15 dix millimètres sur le boîtier et je réalise une quinzaine de portraits. Omar est ravi, visiblement, et moi je suis heureux et détendu : rien que pour ces photos-là, j'aurais accepté de marcher trois jours.

Au bout d'un moment, Omar ramasse son bâton.

20 – Encore une heure, et nous y serons.

Je rassemble mes affaires. Je suppose qu'il est temps de repartir. Cinquante minutes plus tard, Omar quitte le sentier et commence à descendre la pente sur sa droite. Je le laisse faire, pensant qu'il veut s'isoler quelques instants. Mais le voici qui 25 se retourne :

– Eh, suis-moi ! C'est par là !

Je n'y comprends rien. Personne ne m'a dit qu'il fallait quitter le chemin. Cinq cents mètres plus loin, nous arrivons devant une maison basse, construite avec de grosses pierres.

30 – Bienvenue chez moi, dit Omar.

J'hésite à lui dire que moi, je voudrais continuer. Omar a compris. Il reprend :

– Tu n'y arriveras pas tout seul ce soir. Dors ici. Demain matin nous monterons ensemble.

35 – Mais… Ça ne va pas vous déranger ?

Je dois avoir l'air franchement stupide parce qu'Omar se met à rire. Il ne répond rien mais, d'un geste, m'invite à me pencher pour passer le seuil.

---

1 **juteux** qui a beaucoup de jus – 5 **récupérer** *ici :* retrouver des forces – 9 **mitrailler qn/ qc** *fam* photographier qn/qc sans arrêt, sous tous les angles – 13 **se fendre en qc** *ici :* se transformer en qc – 17 **détendu** ↔ stressé – 24 **s'isoler** vouloir rester seul – 25 **se retourner** sich umdrehen – 38 **passer le seuil** *ici :* entrer

14 AOÛT

C'est le froid qui m'a réveillé. J'ai ouvert les yeux. J'étais seul dans l'unique pièce de la maison d'Omar, et la porte était grande ouverte : il avait dû sortir. Alors je me suis frictionné les bras pour me réchauffer et je suis sorti de mon duvet pour aller
5 voir. Omar était assis sur un muret, une tasse de café à la main.
    – Tu en veux ? Sers-toi.
J'ai vu une cafetière posée sur un petit réchaud devant lui. Il avait aussi fait cuire sur un brasero une galette qui sentait drôlement bon.
10   – J'aime bien boire mon café ici, le matin, a expliqué Omar. Pas de thé : à Douai, j'ai pris l'habitude du café. Sauf que je le prenais à la cantine du foyer.
    – Vous vivez toujours tout seul ?
    – Avant, il y avait ma femme. Mais elle est morte il y a trois
15 ans. La pauvre, elle m'a attendu ici toute sa vie, et quand je suis revenu...
Omar ne termine pas. Je l'ai blessé avec ma question. J'hésite à continuer :
    – Et des enfants, vous en avez ?
20 Omar a un sourire plein de fierté :
    – J'ai cinq fils ! Un à Constantine, un à Bejaia, un à Alger, deux en France... Celui de Bejaia vient me voir assez souvent. Les autres...
Omar s'interrompt. Il vaut sans doute mieux ne pas
25 poursuivre. Chacun a son histoire secrète. D'ailleurs, c'est à mon tour de répondre à ses questions.
    – Et toi ? Tu viens faire quoi, ici ?
Une fois encore, j'y vais de mon mensonge à l'eau de rose : ma mère malade, et son désir d'avoir des nouvelles d'une amie
30 d'ici.
    – Une amie ici ? Dans quelle famille ? demande Omar qui commence à s'intéresser à moi.
    – Famille Maziane. Vous les connaissez ?

---

2 **l'unique** *f ou m* le, la seul, e – 3 **se frictionner** sich reiben – 4 **se réchauffer** avoir plus chaud – 5 **un muret** un petit mur – 6 **se servir de qc** prendre de qc – 7 **une cafetière** une machine pour faire du café – 7 **un réchaud** un petit appareil pour chauffer qc – 8 **cuire qc** etw backen – 8 **un brasero** un appareil pour chauffer ou faire cuire les aliments – 8 **une galette** un gâteau rond et cuit au four – 12 **un foyer** Heim – 24 **il vaut mieux faire qc** c'est mieux de faire qc – 28 **à l'eau de rose** sentimental

Omar me regarde avec beaucoup d'attention maintenant. Après quelques secondes de silence, il me dit :

– Prépare-toi, je vais te conduire chez la vieille.

Je n'ai pas demandé qui était la vieille. J'ai suivi. J'ai avalé
5 mon café en vitesse et nous sommes repartis. Le sentier était plutôt moins raide qu'hier, mais j'avais des courbatures dans les jambes.

À dix heures, nous sommes parvenus à un hameau de quelques maisons blotti contre une paroi. Les gens n'ont
10 pas l'air bien riches ici. Je me demande si je ne me suis pas trompé : une infirmière n'a rien à faire dans ce lieu oublié. Il est impossible que Samira s'y trouve. Nous croisons pourtant quelques habitants. Des vieux comme Omar, surtout. Je suppose que c'est normal, les jeunes sont partis vivre en ville.
15 J'essaie de découvrir, derrière les rides de ces visages, une ressemblance avec le mien, mais je ne vois rien.

La route s'arrête au centre du bled. C'est le bout du chemin. Au-delà, il n'y a rien. Devant une porte basse, trois femmes, toutes âgées, sont occupées à filer de la laine. J'ai l'impression
20 d'avoir remonté le temps. Elles ne sont pas voilées mais vêtues, comme le veut la coutume kabyle, de robes assez larges et colorées. Elles portent une espèce de foulard de couleur noué autour de la tête et leur visage s'orne de dessins géométriques bleutés incrustés dans la peau, comme des tatouages. C'est
25 tout. À notre approche, elles posent tranquillement leur écheveau. Elles saluent Omar, tout en me dévisageant sans retenue.

– La voilà, dit simplement Omar. Mon cœur a quelques ratés. La voilà, oui, mais qui ?
30 – Voilà la vieille Maziane.

Omar a désigné la femme du milieu avant d'entreprendre une conversation en kabyle. Je n'ai aucune idée de ce qui se dit.

– Elles nous invitent à entrer. C'est la tradition, il faut prendre
35 le thé.

---

4 **avaler qc** *ici* : boire – 6 **avoir des courbatures** avoir les muscles douloureux (Muskelkater) – 9 **blotti** serré contre, collé à – 15 **une ride** Falte – 18 **au-delà** après – 19 **âgé** vieux – 19 **filer** transformer en fil – 19 **la laine** Wolle – 20 **remonter le temps** revenir en arrière dans le temps – 20 **vêtu** habillé – 21 **une coutume** une tradition – 22 **coloré** → une couleur – 22 **un foulard** Kopftuch – 22 **nouer qc** attacher qc – 23 **autour de** *ici* : um etw – 23 **s'orner de qc** se parer, se décorer de qc pour être plus beau – 24 **bleuté** → bleu – 26 **un écheveau** *ici* : un ensemble de fils réunis par un fil de liage (Strang) – 26 **sans retenue** sans discrétion – 31 **désigner qn** indiquer, montrer par un geste – 31 **entreprendre qc** *ici* : commencer

Je me sens curieusement soulagé, comme si, au moment de parvenir à mon but, j'étais heureux de pouvoir attendre quelques minutes supplémentaires.

Nous pénétrons dans une pièce sombre où je devine, dans le
5 fond, une sorte de cuisine. Bien sûr, le mot paraît inadapté : il n'y a pas l'eau courante, ici (j'ai vu le puits dans la cour), pas de gaz ou d'électricité. Des cuvettes, un réchaud genre Butagaz, un brasero, c'est tout. On vit au ras du sol. Nous sommes conviés à prendre place sur un tapis.

10 Les trois vieilles s'installent en tailleur près de nous, en arrangeant leurs robes. Elles sont sûrement âgées, mais ont gardé une sacrée souplesse. Omar se tourne vers moi :

– Alors, on lui dit quoi, à la vieille ?

C'est le moment, et mes forces m'abandonnent. Ma tasse de
15 thé oscille dangereusement entre mes doigts, alors je la pose sur le plateau de cuivre devant moi.

Je regarde celle qu'on appelle la vieille Maziane, je la regarde droit dans les yeux et je dis enfin :

– Demande-lui si elle connaît Samira.

20 Voilà. C'est dit. Dix-huit ans, trois mois et dix jours. C'est le temps qu'il m'aura fallu pour en arriver là. Je tremble de tout mon corps, tout en écoutant sans rien comprendre l'échange en berbère qui noue mon destin.

Enfin, Omar se tait. Il m'observe. Puis il parle, à moi cette
25 fois, et ses paroles sont la guillotine de tous mes espoirs :

– Samira, c'est la fille de la vieille. Enfin, c'était. Samira est morte l'année dernière. Elle a eu le cancer.

---

3 **supplémentaire** en plus – 5 **inadapté** unpassend, ungeignet – 6 **un puits** l'endroit où l'on va chercher l'eau – 7 **une cuvette** Schüssel – 8 **au ras** [ʀɑ] **de qc** au plus près de, au même niveau – 9 **convier qn à faire qc** inviter qn à faire qc – 10 **en tailleur** Schneidersitz – 12 **sacré** fam ici : grand – 12 **la souplesse** Gelenkigkeit – 16 **un plateau** un objet plat sur lequel on peut poser et transporter des objets – 16 **le cuivre** Kupfer – 27 **un cancer** Krebs

14 AOÛT

Je ne sais pas pourquoi, mais j'ai eu d'abord envie de rire.
Le ridicule de la situation m'a atteint en plein cœur : quoi,
j'avais raté mon bac, j'avais fugué, j'avais sûrement causé les
pires soucis à mes pauvres parents, j'avais échafaudé ce plan
5 périlleux, j'avais traversé la mer et parcouru la montagne –
pour ça ?
  Et puis ma tête s'est mise subitement à tourner. J'ai éprouvé
un étourdissement. Une terrible vague de nausée m'a submergé
comme une lame de fond. J'ai bredouillé : "Excusez-moi" et je
10 me suis levé précipitamment. Sans même prendre le temps
de remettre mes chaussures, que j'avais laissées sur le seuil de
la porte, j'ai couru vers le fond de la cour et là, au milieu des
poules et des dindons, j'ai vomi. J'ai vomi comme je ne l'avais
jamais fait, en un jet unique, puissant, acide, mélange de café,
15 de thé et du pain de semoule que j'avais absorbé avec tant de
plaisir deux heures plus tôt.
  Personne n'est venu me voir. Peut-être est-ce l'habitude, ici,
de montrer de la pudeur quand quelqu'un est malade. Peut-
être ont-ils compris, même sans rien connaître des détails,
20 que la nouvelle de la mort de Samira ne pouvait pas me laisser
indifférent.
  Quand j'ai eu fini de vomir et que les spasmes qui me
secouaient se sont enfin estompés, je me suis assis. Comme
je l'avais fait en ouvrant mon dossier. Sauf que ce n'était plus
25 la rage et la surprise qui me terrassaient, mais une sorte de
chagrin indicible, celui d'une occasion manquée. Je ne sais pas
s'il est normal d'éprouver de la tristesse à l'annonce du décès
d'une femme qu'on n'a jamais connue ; mais à cet instant,

---

2 **le ridicule** le grotesque, le comique – 2 **atteindre qn** toucher qn – 3 **fuguer** fuir,
quitter sa famille – 3 **causer du souci à qn** donner du souci à qn – 4 **échafauder
un plan** préparer un plan – 5 **périlleux** dangereux – 7 **subitement** soudain – 8 **un
étourdissement** un trouble provoqué par un choc moral ou physique – 8 **submerger
qn** envahir, plonger qn complètement dans qc (jdn überfluten) – 9 **une lame de fond**
une vague très violente et brusque venant du fond de la mer – 10 **précipitamment**
très vite – 13 **un dindon** Truthahn – 13 **vomir** sich übergeben – 14 **un jet** → jeter –
14 **puissant** violent, fort – 14 **acide** qui est aigre, piquant et désagréable comme le
citron – 15 **la semoule** Grieß – 15 **absorber qc** *ici :* boire et manger qc – 18 **la pudeur**
la discrétion, la réserve, la retenue – 23 **s'estomper** devenir moins intense, moins fort,
disparaître – 25 **la rage** la colère – 25 **terrasser qn** détruire qn – 26 **indicible** que l'on ne
peut pas dire – 27 **un décès** la mort

j'en suis sûr, j'ai éprouvé le sentiment violent d'une perte
irrémédiable.

Je ne sais combien de temps je suis resté dehors.
Suffisamment pour me composer un visage et ralentir les
5 frissons qui m'avaient fait vaciller. Et puis je suis rentré dans la
maison et j'ai repris ma place en m'excusant encore, parce que
c'était la seule chose à faire.

J'ai levé les yeux vers la vieille Maziane, qui me considérait
sans émotion particulière, et j'ai su que ma grand-mère – car
10 il me fallait bien le comprendre : cette femme assise en tailleur
dans une masure au bout du chemin était ma grand-mère
biologique – j'ai su que ma grand-mère ne me reconnaissait
pas. Qu'elle n'avait aucun doute. Pour elle, j'étais un Français
déçu, pour une raison qui lui échappait, de ne pas rencontrer
15 sa fille. Rien de plus. Pendant quelques secondes, j'ai voulu
tout dire, lui avouer la vérité. Et puis non. Si elle ne devinait
rien, c'est qu'elle ignorait tout. Samira avait gardé le silence
sur son escapade à Paris, où elle avait peut-être passé très peu
de jours, juste le temps d'accoucher. Je n'allais pas la trahir
20 maintenant qu'elle était morte.

C'est drôle, quand j'y pense : mes idées, pendant cette
matinée, ont été d'une incroyable précision. Plus rien n'était
flou ou douteux ; je voyais sans hésitation ce qu'il convenait
de faire. Alors je me suis tu. Ou, plutôt, j'ai posé des questions
25 détournées qui me renseignaient sans donner l'alerte.

J'ai exprimé à haute voix des regrets : je n'avais pas voulu
raviver des souvenirs pénibles. Mais je voulais savoir. Omar
traduisait. Samira avait bien été infirmière avant d'épouser
Lakhdar, un garçon de Tikjda. Ils avaient vécu pendant des
30 années à Bejaia, en Petite Kabylie. Lakhdar dirigeait une petite
entreprise de travaux publics, ça marchait bien pour eux.
Quand Samira était tombée malade, on l'avait soignée. Et puis
quand elle avait compris qu'elle ne s'en sortirait pas, elle était
revenue auprès de sa mère. C'est ce qu'on fait ici : on essaie

---

1 **une perte** → perdre – 2 **irrémédiable** que l'on ne peut pas changer – 4 **se composer**
ici : se faire – 4 **ralentir** *ici :* rendre plus lent – 5 **un frisson** un tremblement
accompagné d'une sensation de froid – 5 **vaciller** schwanken – 8 **considérer qn**
regarder, examiner qn avec une grande attention – 11 **une masure** une maison
misérable – 14 **échapper à qn** quand qn ne comprend pas qc – 18 **une escapade** *ici :*
une fugue – 19 **accoucher** donner naissance à un enfant, mettre un enfant au monde –
23 **douteux** → un doute – 23 **il convient de faire qc** faire qc adapté à la situation –
25 **détourné** indirect – 25 **donner l'alerte** éveiller un soupçon chez qn – 27 **raviver
des souvenirs** faire revivre, ranimer des souvenirs – 28 **épouser qn** se marier avec
qn – 30 **diriger une entreprise** être à la direction d'une société – 31 **les travaux publics**
Tiefbau – 34 **auprès de qn** près de qn

de mourir dans son village natal, pour y être enterré. Samira reposait dans le cimetière de montagne, plus bas.

J'ai frissonné, encore, mais je n'avais plus mal au cœur. Je me conduisais (je l'espérais au moins) comme le fils d'une
5 Française qui veut pouvoir rapporter des informations détaillées à sa mère. Quand le thé a été froid, je n'avais plus qu'une seule chose à demander, et je repoussais le moment de le faire.

– Et les enfants ? Ils ont eu des enfants, Lakhdar et Samira ?
10 J'ai attendu patiemment qu'Omar fasse la traduction.

– Ah ça, Samira était bénie ! Elle a eu trois fils !

Quatre. Le mot est au bord de mes lèvres, et j'ai failli répliquer, mais finalement je suis parvenu à me taire.

– Ils sont où, ces fils ? Avec leur père ?
15 Quelques secondes, encore. Omar traduit la réponse de la vieille :

– Ils vivent à Bejaia avec leur père. L'aîné a quatorze ans, le plus jeune onze. De temps en temps, ils rendent visite à leur grand-mère ici. La vieille dit que le dernier est là, en ce
20 moment, à cause des vacances. Il est parti ce matin au pré, il va revenir pour déjeuner.

J'ai donc trois frères. Enfin, demi-frères, car il est évident que Lakhdar ne doit pas être mon père à moi. Est-ce que Lakhdar a su, pour moi ? Est-ce que Samira lui a avoué l'enfant laissé
25 en France pour adoption ? Ou bien a-t-elle gardé le silence pendant toutes ces années ? Et lui, n'a-t-il rien deviné ?

Je demande s'il existe des photos de Samira. En France, bien sûr, le portrait serait quelque part en évidence, pour rappeler tous les jours le souvenir d'une fille disparue. Mais je vois la
30 grand-mère Maziane secouer la tête : pas de photo, non. Je sors mon Nikon et je demande la permission de photographier la maison. La vieille femme fait un petit signe d'acquiescement.

Dehors, le soleil trop fort devrait me dissuader, mais je ne renonce pas : il me faut quelques images de cette maison, de ce
35 pré, de la ligne bleue des crêtes alentour. Je règle les cadrages, j'appuie sur le déclencheur ; à chaque pression de mon doigt,

---

3 **frissonner** → un frisson – 7 **repousser** remettre à plus tard – 10 **patiemment** avec patience – 11 **béni** gesegnet – 12 **faillir** être sur le point de, presque – 13 **répliquer** répondre – 20 **un pré** Wiese – 28 **en évidence** qu'on peut voir tout de suite – 32 **un acquiescement** [akjɛsmã] un geste ou un signe pour montrer qu'on accepte – 33 **dissuader qn de faire qc** renoncer à qc, faire changer qn d'avis – 36 **un déclencheur** Auslöser

je retrouve mon calme. J'ai cessé de trembler. Quand j'ai fini, je vérifie ma pellicule : il me reste une quinzaine de prises. Après, j'entame les deux derniers rouleaux.

Omar est sorti à son tour.

5 – Nous restons pour le déjeuner, m'annonce-t-il.

L'hospitalité de ces gens n'en finit pas de m'étonner. Ainsi donc vais-je goûter, une fois au moins, à la cuisine de ma grand-mère. J'essaie de voir la vieille Maziane dans ce rôle, mais c'est difficile. Je calcule qu'elle doit avoir la soixantaine,
10 en toute logique, même si elle a l'air d'une centenaire. Mentalement, je compare avec mes autres grands-mères, en France, qui sont sans doute plus âgées, bien qu'elles paraissent trente ans de moins. Je suis choqué.

– Tu fais beaucoup de photos, reprend Omar.

15 – Oui, j'adore ça. Tu crois que je pourrais photographier les trois femmes qui sont là ? (Je vois Omar marquer un petit temps d'arrêt, ma question doit lui sembler incongrue.) En souvenir, pour montrer à ma mère...

Omar est rentré à l'intérieur, sans doute pour transmettre
20 ma demande.

– Elles veulent pas ! me crie-t-il. C'est interdit.

Est-ce que l'islam interdit aussi la photographie ? Je n'y avais pas songé, je l'ignore. Omar réapparaît :

– Elle dit que si tu veux un souvenir, tu peux prendre Belaïd
25 en photo, il arrive.

C'est vrai, je ne l'avais pas remarqué. Un garçon aux cheveux roux marche au milieu des poules. Il me regarde de loin, moi l'étranger, avec un air méfiant, puis il s'approche et s'arrête devant nous, tête baissée.

30 Il s'appelle donc Belaïd. Il a onze ans et il est mon demi-frère. Le dernier fils de Samira, son préféré peut-être. Il se dandine d'un pied sur l'autre, un peu mal à l'aise. Il doit se demander qui je suis. Il regarde obstinément ses pieds, qui sont chaussés de vieilles tennis fatiguées. De lui, je vois seulement une

---

2 **une prise** *pour la photographie ici :* une photo – 3 **entamer qc** commencer qc – 3 **un rouleau** *pour la photographie ici :* une pellicule – 6 **l'hospitalité** *f* l'action de recevoir qn chez soi – 6 **ainsi** alors – 10 **une centenaire** une personne qui est âgée de cent ans – 11 **mentalement** *ici :* dans ma tête – 14 **reprendre** *ici :* dire – 17 **incongru** inattendu, surprenant – 19 **transmettre qc** communiquer qc – 23 **songer à qc** penser à qc – 27 **roux** entre le jaune orangé et le brun rouge – 28 **méfiant** qui n'a pas confiance – 31 **se dandiner** se balancer d'un côté et de l'autre (watscheln) – 33 **obstinément** avec insistance, fixement – 33 **chaussé** ayant pour chaussures

silhouette frêle et une chevelure toute ébouriffée aux reflets cuivrés.

Omar parle. Il explique sûrement ma présence ici.

Lentement, le garçon relève la tête, cligne des yeux une
5 fois et me regarde bien en face. Dans la lumière crue de midi brillent deux yeux verts transparents.

---

1 **frêle** mince – 1 **ébouriffé** *ici :* les cheveux en désordre – 2 **cuivré** → le cuivre –
5 **cru** *ici :* vif, violent – 6 **briller** scheinen – 6 **transparent** clair, lumineux

15 AOÛT

Je suis retourné chez Omar hier soir, c'est lui qui me l'a proposé. À cinq heures du matin, j'étais déjà debout, après une nuit presque sans sommeil. Je me suis levé sans faire le moindre bruit, pour ne pas réveiller le vieil homme allongé sur
5 un tapis, et j'ai laissé mon sac en évidence : je ne voulais pas qu'on me croie disparu ou parti à la sauvette, sans dire merci.

Dans la cour, un coq se promenait déjà à pas majestueux, et j'ai eu peur qu'il ne donne l'alarme, mais rien ne s'est produit. Le coq m'a dépassé en tendant le cou mais n'a émis aucun son.
10 Il restait un peu d'eau dans le seau suspendu au puits, j'en ai répandu sur mes mains pour me frotter le visage. L'aurore était proche, il faisait déjà jour.

J'avais laissé mes chaussures de marche à l'extérieur, je les ai enfilées le plus silencieusement possible. J'ai attrapé ma
15 gourde qui traînait là et je me suis mis en route.

La première demi-heure, très fraîche, a vite passé. Le soleil est apparu d'un coup dans une ouverture de la montagne, et les sommets noyés dans un brouillard bleuté se sont soudain réchauffés. C'était éblouissant. J'ai repéré hier le sentier à
20 mules qui monte vers le cimetière. Le lieu est d'une austérité inquiétante, presque entièrement à l'ombre. Pas de haut mur d'enceinte, pas de cyprès ici, et pas de pierres tombales ; un petit cimetière musulman dissimulé dans un creux de la terre. Sans vraiment comprendre pourquoi, j'ai éprouvé le besoin de
25 venir ici.

Mes affaires sont prêtes. Tout à l'heure, je marcherai jusqu'à Tikjda et, d'ici quelques jours, je retournerai à Alger. Il me reste une semaine. Si je peux, je ferai peut-être un peu de tourisme. Dans mon sac, j'ai rangé soigneusement la pellicule photo que
30 j'ai terminée avec Belaïd. Il m'a donné son adresse à Bejaia, et j'ai juré de lui envoyer des tirages. Je tiendrai parole. Il faudra aussi téléphoner à Mourad demain. Il rentre en France avant moi, et nous risquons de ne pas nous revoir. Enfin, si, mais à

---

6 **partir à la sauvette** partir vite sans rien dire à personne – 8 **se produire** se passer – 9 **émettre un son** produire, faire un son – 11 **répandre qc** faire couler un liquide – 11 **se frotter le visage** *ici :* se laver – 11 **l'aurore** *f* le moment avant le lever du soleil – 15 **se mettre en route** partir – 17 **une ouverture** → ouvrir – 18 **noyé dans qc** perdu dans – 19 **éblouissant** brillant, beau, lumineux – 20 **une mule** Maultier – 20 **l'austérité** *f* la froideur, la simplicité – 21 **un mur d'enceinte** [ãsɛ̃t] un mur entourant un espace pour le délimiter et en interdire l'accès – 22 **une pierre tombale** Grabstein – 23 **un creux** un trou

Paris : lui aussi m'a donné son adresse, quelque part en Seine-Saint-Denis. Je vais demander à ma mère de l'inviter à dîner, c'est le moins que je puisse faire pour le remercier. Et puis la boucle sera bouclée, comme on dit. Enfin, presque. Car il reste
5 encore, peut-être, une personne à voir.

C'est Belaïd qui en a eu l'idée. Quand il a levé la tête, dans la cour, hier, quand j'ai vu ses yeux si terriblement identiques aux miens, j'ai été soulevé d'une ineffable émotion. Comme si le hasard, ou Dieu, ou Allah, en me mettant en présence
10 de mon frère, permettait enfin à Samira de se réconcilier avec elle-même. De se retrouver, au-delà de la mort, dans sa totalité, avec le début et la fin au complet. Ou bien, peut-être, c'est moins compliqué que ça : j'ai juste été touché de me reconnaître dans ce petit visage triangulaire, encore
15 enfantin, sérieux et déterminé, mangé par deux yeux d'un vert liquide. Belaïd n'a rien remarqué. Il a demandé seulement, par l'intermédiaire d'Omar (car mon frère ne parle pas français, il l'apprendra plus tard à l'école) ce que je faisais là. C'est lui qui a eu l'idée de Nadia Ililghen.
20 À Alger, quand elle était jeune fille, Samira avait des amies. Malika, la femme de ménage de l'hôpital, que j'ai déjà rencontrée. Et puis Nadia. Nadia, c'est autre chose. Elle était médecin à Mustapha. Pédiatre à la maternité. Les deux femmes se connaissaient très bien, et Belaïd aussi a rencontré Nadia,
25 parce qu'elle est venue voir son amie plusieurs fois après son mariage. Belaïd s'en souvient, de ce docteur, parce qu'elle l'a soigné quand il était petit, quand on a cru qu'il avait une méningite et qu'en fait c'était seulement une mauvaise grippe. En tous cas, d'après lui, elle habite toujours la capitale, et elle
30 n'a aucune raison d'être autre chose que pédiatre. Si je peux, je verrai Nadia avant de partir.

Je n'ai pas trouvé Samira. Elle est apparue brutalement dans mon existence au mois de mai, simple nom sur un feuillet bleu, et n'a passé que quatre mois à mes côtés. C'est bien peu pour
35 quelqu'un qui vous a donné la vie. Je le regrette. Quand j'ai vu Belaïd et son petit air futé, je me suis dit que j'aurais bien aimé connaître sa mère.

---

3 **la boucle sera bouclée** *fig* revenir au point de départ – 8 **ineffable** indicible, inexprimable – 15 **enfantin** kindlich, kindisch – 15 **déterminé** décidé – 16 **liquide** clair – 16 **par l'intermédiaire de qn** à l'aide, grâce à qn – 23 **un pédiatre** un médecin spécialiste des maladies infantiles (→ pour les enfants) – 28 **une méningite** Hirnhautentzündung – 36 **futé** intelligent, rusé

Mais là, assis devant les pierres fichées en terre qui marquent les tombes de ce cimetière musulman, je sais que je ne pourrai jamais considérer Samira comme ma mère. Elle m'a porté, c'est tout. Maman, c'est Marie, Marie Desjonquères, la femme
5 d'Antoine. Celle qui doit se tordre les mains de chagrin en ce moment, parce que j'ai eu l'idée saugrenue de la planter là tout à trac, un jour de juillet, et que je n'ai plus donné de nouvelles. Celle que je vais retrouver la semaine prochaine, avec mon père, avec Mathilde. Ma famille.

10 Je regarde, autour de moi, la terre rouge toute craquelée par la sécheresse, et je pense au programme de sciences de ma classe de terminale, que je vais avoir tout le loisir de réviser ; je me dis que, quelque part sous ce sol desséché, se promènent des morceaux d'ADN qui m'appartiennent en partie. Et puis je
15 songe à mes parents, Antoine et Marie, aux dix-huit ans passés auprès d'eux, à toute cette éducation qu'ils m'ont donnée et qui a fait de moi, bien mieux que n'importe quel gène, ce que je suis aujourd'hui : un jeune Français normalement doué pour vivre, passionné de photographie, plutôt responsable, organisé
20 et volontaire, avec plein d'idées fausses ou approximatives, sans doute, mais beaucoup de bonne volonté et de curiosité d'esprit.

Devant ces montagnes dénudées, enfin, un grand sentiment de liberté s'empare de moi. Je ne verrai jamais Samira, nous
25 nous sommes croisés bêtement, et je ne mesure pas encore ce que cette occasion ratée aura pour conséquences dans ma vie à venir. Mais je sais, tout à coup, avec une certitude totale, que je suis devenu brusquement adulte. Alors je me sens libre, libre comme un homme ivre, ivre de liberté.

---

1 **fiché** mis – 5 **se tordre** *ici* : se tourner – 6 **saugrenu** fou, bizarre, absurde, étrange –
6 **planter qn** quitter quelqu'un brusquement – 6 **tout à trac** sans réfléchir – 10 **craquelé**
rissig – 12 **avoir le loisir de faire qc** avoir le temps de faire qc – 13 **desséché** sec,
aride – 14 **un morceau** une partie – 14 **l'ADN** DNA – 14 **appartenir à qn** être à qn –
19 **passionné de qc** ayant une passion (Leidenschaft) pour qc – 20 **volontaire** personne
qui a de la volonté, qui est décidée – 21 **la volonté** → vouloir – 29 **ivre de qc** transporté,
hors de soi

21 AOÛT

Je suis revenu en ville hier en fin d'après-midi. J'ai retrouvé
mon hôtel et la petite chambre qui pourrait donner sur la mer
si la vue n'était pas barrée par un échafaudage rouillé.

Plus tard, je suis sorti dans la ruelle et j'ai marché jusqu'à
5   la plage. Dans une gargote, on m'a servi une *chorba* et un thé
bouillant. J'aurai au moins appris une chose ici : quand la
chaleur devient insoutenable, les boissons fraîches ne servent
à rien.

Sur la terrasse d'El Aurassi, je me suis avancé jusqu'à la
10   balustrade et j'ai contemplé la ville qui clignotait devant moi.
J'ai repéré les endroits que je connais dans la grande cité
blanche : les rues populeuses de Bab-el-Oued, où se trouve mon
hôtel ; la basilique Notre-Dame-d'Afrique et le vieux cimetière
Saint-Eugène ; l'Amirauté et la grande mosquée ; la place des
15   Martyrs ; le port et le Jardin d'essai ; l'hôpital Mustapha. J'ai
tourné la tête vers l'est, en direction de la Kabylie. Je me suis
posté dos à la mer, face à cette Afrique pleine de promesses
dont je ne connais qu'une minuscule extrémité. J'ai vu les
lumières d'Alger s'éteindre lentement et la ville tout entière
20   s'enfoncer dans le sommeil et, pour la première fois depuis
mon arrivée de ce côté de la mer, j'ai pleuré doucement.

Ce matin, j'ai enfilé mon dernier T-shirt propre et j'ai noué
mes cheveux longs en queue de cheval. Je suis retourné dans le
café de la rue Didouche-Mourad. Mêmes éclats de voix, mêmes
25   éclats de rire autour de moi. Le docteur Ililghen – bien qu'en
moi-même je ne l'appelle que Nadia – m'attend cet après-midi
dans sa maison de la Bouzaréah, sur les hauteurs de la ville.

Je suis arrivé en avance dans ce quartier chic où les maisons
ont des airs de propriétés coloniales d'autrefois. Les rues sont
30   larges, les trottoirs entretenus, les façades blanches et les
portails en fer forgé. On devine parfois, entre les grilles, un
petit jardin bien soigné. Quelques orangers sont encore en
fleur et imprègnent l'air de leur parfum.

---

12 **populeux** qui regroupe une population nombreuse – 16 **se poster** se placer, se
mettre – 20 **s'enfoncer dans qc** entrer profondément dans quelque chose – 23 **une
queue de cheval** *pour une coiffure* Pferdeschwanz – 24 **un éclat de voix** quand qn
parle de manière bruyante et soudaine – 28 **en avance** plus tôt – 31 **le fer forgé**
Schmiedeeisern – 31 **une grille** Gitter – 32 **un oranger** un arbre qui porte des oranges –
33 **imprégner qc de son parfum** parfumer qc

J'ai l'adresse sur moi, je n'ai aucun mal à trouver la maison. Nadia a accepté de me donner rendez-vous chez elle après ses consultations. Elle a quitté Mustapha, m'a-t-elle dit, et ouvert un cabinet en ville. Voilà, c'est ici : un grand bougainvillée
5 rose vif dépasse du muret blanc, la grille est fermée, il y a une sonnette à la droite du portail et une plaque de cuivre : *Docteur Nadia Ililghen, Pédiatrie.* Je sonne.

La grille s'ouvre automatiquement. J'avance sur quelques mètres dans un jardinet où se côtoient des roses trémières,
10 des touffes basses de thym et des bouquets d'héliotropes bleus qui répandent une odeur sucrée. Devant moi, une maison assez vaste, avec des fenêtres à demi dissimulées par des moucharabiehs. La porte s'ouvre avant que je n'aie gravi les trois marches du perron et une femme brune, plutôt grande, se
15 montre sur le seuil.

– Félicien ? Entre, je t'en prie.

La fraîcheur de l'intérieur, sans doute entretenue par les dalles de marbre du sol, contraste avec la chaleur lourde du dehors. Je tends la main à une femme entre deux âges, vêtue
20 d'un jean et d'une chemise. C'est la première fois, en quinze jours, que je rencontre une femme en jean, et j'ai l'impression d'être rentré chez moi.

J'emboîte le pas à Nadia. Nous traversons un grand salon meublé à l'occidentale que l'on a volontairement gardé dans
25 la pénombre.

– Nous serons mieux dans le patio, m'explique Nadia en continuant à marcher.

Je la suis le long d'un couloir sombre et frais et je débouche en effet sur un patio ravissant au sol carrelé de dalles de
30 couleur. De grandes poteries vernissées contiennent des géraniums aux feuilles veloutées et quelques petits rosiers d'un

---

3 **une consultation** une visite chez le médecin – 4 **un cabinet** le lieu où le médecin reçoit ses patients et donne ses consultations – 5 **vif** ǂ sans couleur – 6 **une plaque** Platte – 7 **la pédiatrie** → un pédiatre – 9 **un jardinet** un petit jardin – 9 **se côtoyer** *ici :* se mélanger – 9 **une rose trémière** une variété de rose – 10 **une touffe** un bouquet – 11 **répandre une odeur** *ici :* parfumer – 12 **vaste** grand – 13 **un moucharabieh** *dans les pays orientaux* un grillage en bois placé devant une fenêtre qui permet de voir sans être vu – 14 **un perron** une entrée, un seuil – 17 **entretenu** gardé, conservé – 18 **une dalle** Bodenplatte – 18 **le marbre** Marmor – 19 **vêtu de** habillé de – 23 **emboîter le pas à qn** suivre qn – 25 **la pénombre** l'obscurité, l'ombre ǂ la lumière – 26 **un patio** une cour intérieure – 29 **ravissant** charmant, beau – 30 **une poterie** Töpferei – 30 **vernissé** brillant – 31 **un géranium** Geranie – 31 **velouté** doux – 31 **un rosier** → une rose

blanc nacré. C'est très joli. Dans un angle à l'ombre, une table émaillée a été dressée pour deux.

– Tu préfères du thé ou quelque chose de froid ? J'ai du coca et des jus de fruits.

5 J'opte pour le thé, bien sûr : je n'ai pas oublié ce que j'ai appris. Nadia verse de l'eau bouillante dans une théière où elle a glissé, en plus du thé, des feuilles de menthe.

Le thé infuse. Aucun de nous ne parle encore. Au téléphone, quand j'ai pris rendez-vous, j'ai dit à Nadia que j'étais un jeune
10 Français désireux d'obtenir des informations sur son amie Samira Maziane, épouse de Lakhdar Bouaffeur. Nadia n'a posé aucune question. Elle a accepté de me recevoir aujourd'hui à quinze heures, point.

Elle sert le thé dans des verres, pousse vers moi une assiette
15 remplie de ces gâteaux aux amandes qu'on appelle, je crois, des "cornes de gazelle".

– Tu as ses yeux, dit-elle simplement.

Sa remarque me coupe le souffle. Ainsi, elle sait. Quelqu'un connaissait mon secret. Celui de Samira, plutôt. Je ne réponds
20 rien.

– Tu as eu dix-huit ans cette année, non ? Je déglutis et je me contente de hocher la tête pour dire oui. Nadia continue pour elle-même :

– Et c'est pour cela que tu es ici… Tu as voulu trouver Samira,
25 c'est ça ?

J'attrape un gâteau (ils sont succulents) et j'acquiesce silencieusement.

– Mange, reprend Nadia. Ils sont bons, je les ai cuits hier soir. Tu veux que je te parle de Samira… Eh bien, nous nous
30 sommes rencontrées ici, à Alger. Elle venait de finir ses études d'infirmière et avait décroché son premier poste. Moi, je terminais médecine : j'étais interne en pédiatrie. Il y avait pas mal de femmes en médecine, dans ces années-là, c'était avant les événements des années noires. Enfin, à cette époque,
35 nous sommes devenues amies. Elle était très seule, parce qu'elle venait d'un petit village de Grande Kabylie, mais elle

---

1 **nacré** perlmuttfarbig – 2 **émaillé** recouvert d'émail – 2 **dresser la table** mettre, préparer la table – 5 **opter pour qc** choisir – 6 **verser** *ici :* faire couler – 6 **une théière** un récipient dans lequel on fait le thé – 7 **la menthe** Minze – 8 **infuser** *pour du thé* laisser dans l'eau pour qu'elle prenne le goût du thé – 10 **désireux de faire qc** qui désire faire qc – 11 **l'épouse** *f* la femme – 15 **une amande** Mandel – 21 **déglutir** avaler (schlucken) – 26 **succulent** très bon, délicieux – 26 **acquiescer** faire un signe de la tête pour dire oui – 28 **cuit** → cuire – 31 **décrocher un poste** obtenir un travail – 33 **pas mal de** beaucoup de

avait réussi à faire des études grâce à un de ses professeurs qui était allé trouver son père pour le convaincre ; un paysan ne voyait pas bien à quoi serviraient toutes ces études, mais le prof l'a convaincu et Samira a obtenu une bourse. Quand
5 elle est arrivée, elle ne connaissait personne, sauf de vagues amis kabyles qui l'ont logée les premiers mois. Et puis, quand elle a eu un salaire, elle a pris un petit appartement avec une autre fille. Elle n'en revenait toujours pas, Samira, d'avoir fait des études. Pour elle, c'était comme un conte de fées. Ça lui
10 a donné de l'assurance. Elle a commencé à fréquenter du monde. Avec moi, souvent, parce que je sortais beaucoup avec d'autres étudiants en médecine. C'est là que j'ai rencontré mon mari, qui est toujours chirurgien à Mustapha. Et c'est là qu'elle a... rencontré ton père.
15 Je lâche mon verre, qui s'éclate en morceaux sur les dalles de couleur. Je me baisse pour ramasser. Je me sens rouge et maladroit.

– Laisse, dit Nadia. C'est de ma faute, j'aurais dû te dire ça autrement. Elle boit une gorgée de thé.
20 Tu veux que je continue ?

S'il vous plaît.

– Donc, nous allions ensemble à des soirées étudiantes. Beaucoup d'étudiants de la fac d'Alger s'y retrouvaient. Des étrangers aussi : il y a vingt ans, l'Algérie manquait de
25 médecins. Le pays devait faire appel à des diplômés étrangers, des Indiens, des Russes... des Français aussi, qui venaient dans le cadre de la coopération militaire. Le service militaire existait encore chez vous, alors un médecin qui demandait la coopération, il avait toutes les chances d'être envoyé en
30 Algérie.

Pause. Je commence à comprendre.

– Samira a fait la connaissance d'un de ces coopérants. C'était le grand amour : elle voulait se marier et le suivre en France. Inutile de me demander son nom : je ne l'ai jamais su.

---

2 **un paysan** Bauer – 3 **servir à qc** être utile – 4 **une bourse** de l'argent donné par un organisme public ou privé à un élève ou à un étudiant pour qu'il puisse faire des études – 6 **loger qn** permettre à qn d'habiter chez soi (parfois contre de l'argent) – 7 **un salaire** l'argent que l'on gagne en travaillant – 8 **ne pas en revenir** ne pas croire à qc – 10 **donner à qn de l'assurance** rendre qn plus fort, plus sûr de lui – 10 **fréquenter du monde** avoir des relations sociales, amicales, amoureuses – 15 **lâcher** *ici* : laisser tomber – 15 **s'éclater en morceaux** se casser en plusieurs morceaux – 16 **se baisser** se pencher – 17 **maladroit** ungeschickt – 19 **une gorgée** une petite quantité de liquide – 23 **la fac** l'université – 25 **un diplômé** une personne qui a un diplôme – 27 **un cadre** Rahmen – 27 **le service militaire** Wehrpflicht

Elle était secrète, Samira, elle protégeait sa vie. Elle fréquentait un Français, un jeune médecin venu ici pour accomplir dans la coopération ses obligations militaires, c'est tout ce que je savais.

5   – Et puis elle s'est retrouvée enceinte et il l'a laissé tomber, c'est tout !

Je trouve l'histoire d'une banalité affligeante. Je suis écœuré. Nadia pose sa main sur la mienne.

– Écoute, Félicien, je ne peux te raconter que ce que je sais, et
10 je ne sais pas tout. Samira m'a dit que son fiancé repartait pour la France en janvier : il avait terminé son service. Évidemment, en janvier, elle savait qu'elle t'attendait. Elle avait pris un congé de maladie, et elle m'avait tenue au courant dès qu'elle avait été sûre. Au début, cette grossesse l'avait paniquée, et puis elle
15 s'était calmée. J'en avais conclu que tout s'arrangeait avec son ami, et qu'ils allaient finalement se marier. Il est reparti et les semaines ont passé vite. Samira voulait obtenir un passeport, et pour une fille seule, non mariée, c'était pratiquement impossible. Mon futur mari était un chirurgien déjà en vue,
20 il connaissait des hommes politiques ; il lui a arrangé ça et, début mars, elle a eu son passeport.

– Et elle est partie pour Paris ?

– Elle m'a dit qu'elle partait, elle a donné sa démission à Mustapha et je l'ai accompagnée à l'aéroport. Je pleurais
25 autant qu'elle. Elle m'a juré de me donner des nouvelles. Mais je savais qu'elle n'était plus tout à fait la même ; elle avait changé, en quelques semaines ; elle avait réfléchi. Peut-être n'était-elle plus tout à fait aussi sûre de vouloir se marier avec son coopérant ? Elle redoutait la réaction de ses parents, j'en
30 suis certaine ; et puis elle était musulmane, et le Français ne l'était pas.

– Et puis ?

– Et puis rien, pendant des mois. J'ai des amis en France, j'ai essayé de savoir. Samira s'était volatilisée, et je ne connaissais
35 pas le nom du "fiancé". J'ai laissé tomber et je me suis mariée de mon côté. Plusieurs mois plus tard, c'était l'hiver suivant, on a sonné chez moi, et j'ai eu la surprise de trouver Samira à la porte. Elle m'a raconté que sa vie n'allait pas trop bien :

---

2 **accomplir** faire – 5 **se retrouver enceinte** attendre un enfant – 7 **affligeant** triste –
7 **être écœuré** qui ressent du dégoût – 10 **un fiancé** Verlobter – 13 **dès que** quand –
14 **paniquer qn** faire peur à qn – 15 **se calmer** devenir plus calme – 15 **conclure qc**
penser qc – 19 **en vue** connu, célèbre – 23 **une démission** quand une personne quitte
son travail – 29 **redouter qc** avoir peur de qc – 34 **se volatiliser** disparaître

elle n'avait pas épousé l'homme de sa vie, elle avait accouché en France et… avait décidé de laisser l'enfant. C'était mieux, à tous points de vue : ici, un bâtard, comme on dit encore, n'a presque aucune possibilité de s'en sortir. Une adoption en France, c'était une chance pour lui. Enfin, pour toi.

Je réfléchis. C'est vrai, peut-être : personne ne peut savoir ce que serait ma vie aujourd'hui si je n'étais pas devenu le fils d'Antoine et Marie Desjonquères.

Et lui, alors ? Mon père ? Elle n'en a plus parlé ?

Jamais. Je te le jure, Félicien, tu as ma parole : je n'ai rien su de ce qui s'était passé. J'hésite à continuer.

– Et moi ? Elle vous en a parlé, de moi ?

Nadia me regarde, et je décèle sur ses traits une certaine tendresse.

– Elle n'a pas oublié, Félicien. Jamais. Même lorsqu'elle a eu d'autres fils. Ça aussi, je peux le jurer.

J'ai passé le reste de l'après-midi dans le patio avec Nadia, en continuant à boire du thé et à manger des cornes de gazelle. Elle m'a appris tout ce que je voulais savoir sur Samira, son caractère, ses qualités, ses défauts. Vers cinq heures, Nadia s'est excusée quelques instants. Quand elle est revenue, elle tenait quelque chose à la main, qu'elle a posé devant moi.

Une photo en noir et blanc. On y voit deux jeunes filles sur un arrière-plan de mer. Elles se tiennent par les épaules et ont l'air d'avoir le fou rire. Je reconnais l'une d'elles : Nadia, plus jeune d'une bonne vingtaine d'années, mais parfaitement reconnaissable ; puis l'autre, certainement plus petite, maigrichonne, pas trop jolie à mon avis, à l'exception de ses yeux : transparents et liquides. Je suppose qu'ils étaient verts.

– Tu peux la garder, a dit Nadia.

À cinq heures et demie, j'ai pris congé. Le ciel s'était couvert et le soleil avait disparu. Nadia m'a raccompagné vers la porte. Dans ma sacoche, je portais mon appareil photo, comme toujours. J'ai mis ma dernière pellicule dans le boîtier et j'ai pris une série de portraits. S'ils sont bons, je les enverrai.

– Tu rentres quand ?

---

4 **s'en sortir** se tirer d'une situation difficile – 10 **avoir la parole de qn** quand une personne jure, promet qc à qn – 13 **déceler qc** remarquer qc – 14 **la tendresse** la douceur, la gentillesse, l'affection *f* – 20 **un défaut** ≠ une qualité – 25 **avoir le fou rire** ne pas pouvoir s'arrêter de rire – 27 **reconnaissable** que l'on peut reconnaître – 28 **maigrichonne** un peu trop maigre ≠ gros

– Demain soir, je prends le bateau.

– Attends-moi un instant.

Elle a disparu dans le couloir pendant quelques minutes. J'ai patienté. Quand elle est revenue, elle tenait de nouveau quelque chose. Un livre.

– Tu as lu ça ? m'a-t-elle demandé en me le glissant dans la main.

J'ai regardé. Une vieille édition de poche en français. Albert Camus, le nom me dit quelque chose, mais je n'ai jamais lu ça. *Noces*, ça s'appelle. Je remercie.

– Au revoir, Félicien. Je n'ai pas de conseils à te donner, mais je vais le faire quand même. Si tu peux, lis ce livre ce soir, à ton hôtel. Enfin, pas tout le livre : juste la première nouvelle. Et puis demain, passe la journée à Tipasa : il n'y a qu'une soixantaine de kilomètres, tu peux prendre un autobus, c'est facile. Je suis certaine que l'endroit te plaira ; Samira et moi, nous aimions beaucoup y passer une journée de temps à autre.

Je ne comprends pas grand-chose à ces recommandations, mais je dis d'accord, à tout hasard. Nadia se penche pour m'embrasser.

– C'était courageux, de venir jusqu'ici. Félicitations. Et tu peux remercier tes parents : tu es un garçon très bien, Félicien.

Dehors, on étouffait. J'ai marché dans les rues cossues de la Bouzaréah en m'enivrant du parfum des orangers que le temps orageux rendait entêtant. Un bref coup de tonnerre a éclaté dans le ciel sombre et, l'instant d'après, une pluie diluvienne s'est abattue sur Alger.

4 **patienter** attendre – 18 **une recommandation** un avis, un conseil – 23 **cossu** riche – 24 **s'enivrer de qc** se remplir de qc – 25 **orageux** → un orage – 25 **entêtant** *pour un parfum* qui monte à la tête – 25 **éclater** *pour le tonnerre, l´orage* faire un bruit soudain et violent, exploser – 26 **diluvien** sintflutartig – 27 **s'abattre sur qc** tomber brusquement sur qc

ÉPILOGUE
22 AOÛT

J'ai suivi le conseil de Nadia et j'ai pris, tôt dans la matinée, un autocar qui m'a déposé à deux pas de l'entrée des ruines de Tipasa.

5 Je me suis acheté un petit guide pour visiter sérieusement le site : les temples romains et le théâtre, les thermes et la nécropole, les carrières et la basilique Sainte-Salsa. J'ai terminé mon dernier rouleau de pellicule, à une photo près que je garde pour le bateau, ce soir. Puis j'ai suivi le chemin étroit qui fait le tour du promontoire ; longtemps après les Phéniciens

10 et les Carthaginois, les Romains et les chrétiens, les Vandales et les Byzantins, les Arabes et les premiers colons français, me voici, moi, Félicien Desjonquères, au terme de mon séjour, sur la colline qui plonge dans la mer.

Assis sur un rocher, je plisse les yeux pour jouer avec la

15 lumière, et le bleu profond de la surface de l'eau s'éclate en mille particules mouvantes. La luminosité tranche le paysage comme une lame. Dans l'air suffocant monte l'odeur piquante des plantes aromatiques où j'ai cru reconnaître des armoises et des lentisques. Assis sur le promontoire de Sainte-Salsa, je

20 pensais écouter le silence, ou peut-être les vagues qui viennent lécher la roche de la falaise ; mais ma tête bourdonne du bruit des insectes, guêpes qui me tournent autour, abeilles qui s'enfoncent dans les santolines ; sous chaque pierre, une cigale fait entendre sa stridulation.

25 Je mâchonne une tige en inspirant consciemment l'air chaud et sec. Je suis à Tipasa, sur une crête avancée au-dessus de la mer. Très loin, invisible derrière l'horizon, se tient l'Europe – Marseille peut-être, ou plutôt la côte espagnole, je vérifierai sur

---

2 **déposer qn** laisser qn – 6 **une carrière** *vx* un terrain pour des courses de chars, des courses à pied, des passes d'armes – 9 **les Phéniciens** Phönizier – 10 **les Carthaginois** Karthager – 11 **un colon** une personne vivant dans les colonies – 12 **au terme de qc** à la fin de qc – 13 **plonger dans** *ici* entrer dans – 14 **plisser les yeux** fermer les yeux à demi – 15 **profond** *ici* ≠ clair – 15 **s'éclater** *ici* briller, scintiller – 16 **mouvant** qui est en mouvement, qui bouge – 16 **trancher** diviser, couper – 17 **une lame** Klinge – 17 **suffocant** → suffoquer – 18 **une armoise** une plante odorante – 19 **une lentisque** un arbre ou un arbuste des régions méditerranéennes – 21 **lécher** lecken – 21 **une falaise** une paroi à très forte pente, sans végétation, au dessus de la mer – 22 **une guêpe** Wespe – 22 **une abeille** Biene – 23 **une santoline** une plante à fleurs jaunes, très aromatique – 23 **une cigale** Zikade – 24 **une stridulation** le cri de la cigale – 25 **mâchonner qc** mordre qc entre ses dents – 25 **une tige** Stängel – 25 **inspirer** respirer

une carte. Mais aujourd'hui, je me trouve encore en Afrique, et je tends mon visage bruni vers le soleil brûlant.

J'ai appelé Mathilde hier après l'orage. Je lui ai promis de tout lui raconter. C'est décidé : j'expliquerai tout aux miens. 5 Ma fuite, ma traversée, ma découverte. Ils ont le droit de savoir. Mathilde, surtout, car son tour viendra sans doute, dans quelques années, de partir à la recherche d'elle-même.

Hier soir, j'ai lu *Noces à Tipasa*, la nouvelle de Camus, comme me l'avait suggéré Nadia. Je ne suis pas certain d'avoir tout 10 compris, le texte est plus difficile qu'il n'en a l'air. J'ai pourtant retenu une phrase, sans doute parce qu'elle me convient bien : "Ce n'est pas si facile de devenir ce qu'on est." C'est sûrement vrai, et je n'ai pas fini de l'apprendre. Mais je pressens que, sur ce cap jeté au-devant de la Méditerranée, je deviens enfin moi, 15 intégralement, l'enfant moitié kabyle arrivé par hasard dans un quartier populaire de Paris chez Antoine, enseignant en arts plastiques, et Marie, professeur des écoles.

Ici, dans les parfums qui montent du sol et les bruissements de la vie qui m'entoure, j'écoute avec bonheur la respiration 20 du monde. Ici, dans la chaleur blanche de Tipasa à midi, je me sens vivant, infiniment vivant.

---

2 **tendre** *ici* avancer, diriger – 2 **brunir** devenir brun – 5 **une fuite** → fuir – 8 **les noces** *fpl* un mariage – 11 **retenir qc** se souvenir de qc – 11 **convenir à qn** aller bien à qn, correspondre à ses goûts – 13 **pressentir qc** deviner, sentir – 15 **intégralement** totalement, complètement, entièrement – 16 **populaire** qui est composé de gens du peuple, ‡ bourgeois – 16 **un enseignant** un professeur – 16 **les arts plastiques** Bildende Kunst – 17 **un professeur des écoles** Grundschullehrer – 18 **un bruissement** un bruit faible et confus – 21 **infiniment** profondément

Anne Vantal

Biographie

Anne Vantal est née à Paris le 21 février 1956. Divorcée, mère de trois enfants, elle partage sa vie entre Paris et la Bourgogne. Elle a également habité à Alger pendant deux ans de 1980 à 1981 où elle a enseigné.

Après un bac de lettres classiques (latin et grec), elle fait une licence de lettres modernes et d'anglais puis un DEA de chinois aux Langues Orientales.

Anne se tourne très vite vers le journalisme et l'édition. Pendant un temps, elle collabore à la mise au point d'un dictionnaire publié par Hachette et Oxford University Press. Aujourd'hui elle travaille toujours un peu pour la presse scientifique. Elle écrit par exemple des articles sur les énergies renouvelables. Mais elle est surtout l'auteure de « beaux livres » documentaires pour adultes. Elle publie des ouvrages sur des sujets aussi variés que le cinéma, la campagne anglaise, *Les Grands moments du Salon de l'auto*, l'huile d'olive, le café, le pain...

En 2003, elle se met aussi à l'écriture de romans pour la jeunesse. Elle reçoit en 2005 le *Prix Sorcières*, prix décerné par les librairies spécialisées en littérature jeunesse, pour son livre *Cher Théo*. Et en 2008, elle obtient un grand succès auprès des élèves allemands qui participent au *Prix des lycéens allemands* au Salon du livre de Leipzig.

Bibliographie jeunesse (non exhaustive)

Rendez-vous en septembre, Gallimard jeunesse (scripto), 2013
Villa des Oliviers, Seuil (Karactères), 2009
Voie interdite, Actes Sud Junior, 2011
Peine maximale, Actes Sud Junior, 2010
Dossier de la guêpe, Actes sud Junior, 2008
Un été outremer, Actes Sud Junior, 2006
Le maître des vecteurs, Actes Sud Junior, 2006
Je hais la comtesse, Actes Sud Junior, 2005
Cher Théo, Actes Sud Junior, 2004
Pourquoi j'ai pas les yeux bleus?, Actes Sud Junior, 2003

Liste des abréviations

≠	antonyme de
→	mot de la même famille
°	après l'article, pas de liaison
etw	etwas
f	féminin
fam	familier
fpl	féminin pluriel
fig	figuré
jdm	jemandem
jdn	jemanden
litt	littéraire
loc prov	locution proverbiale, proverbe (Sprichwort)
m	masculin
mod	moderne
péj	péjoratif
pop	populaire
pron poss	pronom possessif
pron dém	pronom démonstratif
qc	quelque chose
qn	quelqu'un
subj	subjonctif
verlan	argot, langage qui inverse les syllabes
vx	emploi vieilli